# 照明環境規準・同解説

Standards for Lighting Environment

2016

日本建築学会

ご案内

本書の著作権・出版権は(一社)日本建築学会にあります．本書より著書・論文等への引用・転載にあたっては必ず本会の許諾を得てください．

Ⓡ〈学術著作権協会委託出版物〉

本書の無断複写は，著作権法上での例外を除き禁じられています．本書を複写される場合は，学術著作権協会（03-3475-5618）の許諾を受けてください．

一般社団法人　日本建築学会

# 序

　2011年3月に発生した東日本大震災および福島第一原子力発電所の事故に伴う東日本地域の電力供給不足という非常事態に対して，生活者の安全や健康を守りつつ，照明におけるエネルギーを効率的に利用することが緊急の課題であると強く認識し，日本建築学会環境工学委員会・光環境運営委員会では，2011年5月に「照明環境に関する緊急提言」を発表した．その中で，「電力に大きく依存している現状を反省するとともに，今回の節電の経験を照明の理念を見直す契機と位置づけ，節電の期間内に形成された照明環境の検証を行い，できる限り小電力で本来あるべき照明環境を創造するために，照明環境設計方法および照明環境の基準の再構築を行うことを求める．」としている．

　本照明環境規準は，この提言への回答として位置づけられるものである．2011年度からのワーキンググループによる照明に関する節電や省エネルギーに関する複数の活動を経て，2013年度から環境工学委員会・光環境運営委員会の傘下で照明環境規準検討WGを設置し，規準のあり方や方向性および規準値の水準などについて議論を行い，一般照明環境における測光量の関係のシミュレーションなどにより必要なデータの蓄積を行ってきた．そして，2015年度からは企画刊行運営委員会・照明環境規準小委員会に活動の場を移し，規準の具体化作業に着手し，今般の「照明環境規準・同解説」の刊行に至った次第である．

　本規準は，エネルギー消費を最小限に抑えつつ，得られる照明環境の効果を最適化するために，アンビエント照明およびターゲット照明という理念を提唱し，この新しい理念に対応する次世代の照明環境規準の枠組みを示したものである．近年の照明計算やシミュレーションの手法の発達により，輝度分布の算出など，より精緻な照明設計が可能になったことも背景になっているが，照度ではなく，輝度を規準に用いる測光量の中心に据えた点が，従来の照明に関わる規準と大きく異なる．

　照明環境の機能や性能に対する要求は高まっている．室内における快適な照明環境の実現に対して，この規準が何らかの一助となれば，望外の喜びである．

2016年6月

日本建築学会

## Preface

　These AIJES standards propose a philosophy of ambient and target lighting, and show a framework of lighting environment criteria corresponding to new philosophy for the next generation, in order to optimize effects of the lighting environment while minimizing energy consumption. More sophisticated lighting design using luminance distribution becomes possible, by recent development of lighting calculation and simulation methods, and the point that not only illuminance but also luminance is laid in the center of photometric quantities on these standards, is significantly different from the standpoints of conventional lighting standards.

## 日本建築学会環境基準（AIJES）について

　本委員会では，これまでに，日本建築学会環境基準（AIJES）として13点を発刊するに至っている．また，各分野において，規準等を整備すべく，検討・作成作業が進められてきた．

　AIJESはアカデミック・スタンダードと称し，学会が学術的見地から見た推奨基準を示すことを目的に，「基準」，「規準」，「仕様書」，「指針」のような形で公表されてきた．これらの英文表記は，「Academic Standards for～」としていたが，この「Academic Standards」には教育水準といった意味もあり，AIJESの目的とは異なる意味に解される場合もあり誤解を生ずる恐れがあるとの指摘も寄せられた．

　そこで，2010年度以降に発刊されるAIJESについては，英文表記を「Standards for～」等に変更することを決定した．また，既刊のAIJESについては，改定版刊行時に英文表記を変更することとした．

2010年9月

　　　　　　　　　　　　　　　　　　　　　　　　　　　日本建築学会　環境工学委員会

# 日本建築学会環境基準（AIJES）の発刊に際して

　本会では，各種の規準・標準仕様書の類がこれまで構造・材料施工分野においては数多く公表されてきた．環境工学分野での整備状況は十分ではないが，われわれが日常的に五感で体験する環境性能に関しては法的な最低基準ではない推奨基準が必要であるといえる．ユーザーが建物の環境性能レベルを把握したり，実務家がユーザーの要求する環境性能を実現したりする場合に利用されることを念頭において，新しい学術的成果や技術的展開を本会がアカデミック・スタンダードとして示すことは極めて重要である．おりしも，本会では，1998年12月に学術委員会が「学会の規準・仕様書のあり方について」をまとめ，それを受けて2001年5月に「学会規準・仕様書のあり方検討委員会報告書（答申）」が公表された．これによれば，「日本建築学会は，現在直面している諸問題の解決に積極的に取り組み，建築界の健全な発展にさらに大きく貢献することを目的として，規準・標準仕様書類の作成と刊行を今後も継続して行う」として，本会における規準・標準仕様書等は，次の四つの役割，すなわち，実務を先導する役割，法的規制を支える役割，学術団体としての役割，中立団体としての役割，を持つべきことをうたっている．

　そこで，本委員会では，1999年1月に開催された環境工学シンポジウム「これからの性能規定とアカデミック・スタンダード」を皮切りとして，委員会内に独自のアカデミック・スタンダードワーキンググループを設置するとともに，各小委員会において環境工学各分野の性能項目，性能基準，検証方法等の検討を行い，アカデミック・スタンダード作成についての作業を重ねてきた．

　このたび，委員各位の精力的かつ献身的な努力が実を結び，逐次発表を見るに至ったことは，本委員会としてたいへん喜ばしいことである．このアカデミック・スタンダードがひとつのステップとなって，今後ますます建築環境の改善，地球環境の保全が進むことへの期待は決して少なくないと確信している．

　本書の刊行にあたり，ご支援ご協力いただいた会員はじめ各方面の関係者の皆様に心から感謝するとともに，このアカデミック・スタンダードの普及に一層のご協力をいただくようお願い申し上げる．

2004年3月

日本建築学会　環境工学委員会

# 日本建築学会環境基準制定の趣旨と基本方針

(1) 本会は,「日本建築学会環境基準」を制定し社会に対して刊行する．本基準は,日本建築学会環境工学委員会が定める「建築と都市の環境基準」であり,日本建築学会環境基準(以下,AIJESという)と称し,対象となる環境分野ごとに記号と発刊順の番号を付す．

(2) AIJES制定の目的は,本会の行動規範および倫理綱領に基づき,建築と都市の環境に関する学術的な判断基準を示すとともに,関連する法的基準の先導的な役割を担うことにある．それによって,研究者,発注者,設計者,監理者,施工者,行政担当者が,AIJESの内容に関して知識を共有することが期待できる．

(3) AIJESの適用範囲は,建築と都市のあらゆる環境であり,都市環境,建築近傍環境,建物環境,室内環境,部位環境,人体環境などすべてのレベルを対象とする．

(4) AIJESは,「基準」,「規準」,「仕様書」,「指針」のような形で規定されるものとする．以上の用語の定義は基本的に本会の規定に従うが,AIJESでは,「基準」はその総体を指すときに用いるものとする．

(5) AIJESは,中立性,公平性を保ちながら,本会としての客観性と先見性,論理性と倫理性,地域性と国際性,柔軟性と整合性を備えた学術的判断基準を示すものとする．
それによって,その内容は,会員間に広く合意を持って受け入れられるものとする．

(6) AIJESは,安全性,健康性,快適性,省エネルギー性,省資源・リサイクル性,環境適合性,福祉性などの性能項目を含むものとする．

(7) AIJESの内容は,建築行為の企画時,設計時,建設時,完成時,運用時の各段階で適用されるものであり,性能値,計算法,施工法,検査法,試験法,測定法,評価法などに関する規準を含むものとする．

(8) AIJESは,環境水準として,最低水準(許容値),推奨水準(推奨値),目標水準(目標値)などを考慮するものとする．

(9) AIJESは,その内容に学術技術の進展・社会状況の変化などが反映することを考慮して,必要に応じて改定するものとする．

(10) AIJESは,実際の都市,建築物に適用することを前提にしている以上,原則として,各種法令や公的な諸規定に適合するものとする．

(11) AIJESは,異なる環境分野間で整合の取れた体系を保つことを原則とする．

## 規準作成関係委員（2015年度）
― （五十音順・敬称略） ―

### 環境工学委員会
委員長　羽山広文
幹　事　岩田利枝　　菊田弘輝　　甲谷寿史
委　員　（省略）

### 企画刊行運営委員会
主　査　村上公哉
幹　事　田中貴宏　　中野淳太
委　員　（省略）

### 建築学会環境基準作成小委員会
主　査　村上公哉
幹　事　田中貴宏　　中野淳太
委　員　（省略）

### 照明環境規準刊行小委員会
主　査　平手小太郎
幹　事　望月悦子　　吉澤　望
委　員　明石行生　　岩田利枝　　金谷末子
　　　　古賀靖子　　小﨑美希　　中村芳樹
　　　　原　直也　　本間睦朗　　三木保弘
　　　　宗方　淳

### 執筆担当者
明石行生（5.4節，5.5節，8.2節）　　岩田利枝（5.3節）
金谷末子（5.6節）　　　　　　　　古賀靖子（3章，5.7節）
小﨑美希（6章）　　　　　　　　　中村芳樹（5.1節）
原　直也（5.2節）　　　　　　　　平手小太郎（6章）
本間睦朗（8.3節）　　　　　　　　三木保弘（8.1節）
宗方　淳（5.8節）　　　　　　　　望月悦子（4章，7章）
吉澤　望（1章，2章）

# 照明環境規準・同解説

# 目　　次

1. 目　的 …………………………………………………………………………………… 1
   1.1 規準の目的 ……………………………………………………………………………… 1
   1.2 規準制定の意義 ………………………………………………………………………… 2
   1.3 規準の考え方 …………………………………………………………………………… 2
2. 適用範囲 ……………………………………………………………………………………… 3
3. 他法令および基準類との関係 ……………………………………………………………… 4
4. 用　語 ………………………………………………………………………………………… 8
5. 照明環境設計の要件 ………………………………………………………………………… 11
   5.1 適切な空間の明るさ …………………………………………………………………… 11
      5.1.1 室内反射面と輝度分布 …………………………………………………………… 11
      5.1.2 目の順応と輝度対比 ……………………………………………………………… 12
      5.1.3 総光束 ……………………………………………………………………………… 13
   5.2 視認性および視作業性 ………………………………………………………………… 15
      5.2.1 ターゲットの把握 ………………………………………………………………… 17
      5.2.2 減能グレアの防止 ………………………………………………………………… 17
   5.3 不快グレアの防止 ……………………………………………………………………… 19
      5.3.1 照明設備の不快グレアの評価 …………………………………………………… 19
      5.3.2 さまざまな条件における不快グレア評価式 …………………………………… 24
   5.4 光色の心理的効果 ……………………………………………………………………… 26
      5.4.1 相関色温度 ………………………………………………………………………… 26
      5.4.2 好ましい色温度と照度 …………………………………………………………… 27
      5.4.3 視覚的温冷感 ……………………………………………………………………… 27
   5.5 演色性 …………………………………………………………………………………… 29
      5.5.1 演色評価数 ………………………………………………………………………… 29
      5.5.2 演色評価数の限界 ………………………………………………………………… 30
   5.6 光の指向性 ……………………………………………………………………………… 31
      5.6.1 モデリングへの配慮 ……………………………………………………………… 31
      5.6.2 指向性のある照明による視作業性の向上 ……………………………………… 31
      5.6.3 シルエット現象の防止 …………………………………………………………… 32
   5.7 照明と健康 ……………………………………………………………………………… 33
   5.8 空間の雰囲気演出 ……………………………………………………………………… 35
6. 照明環境の設計規準 ………………………………………………………………………… 36

- 6.1 概　　論 ……………………………………………………………………………… 36
  - 6.1.1 規準の意味 ………………………………………………………………… 36
  - 6.1.2 作業，活動または用途 …………………………………………………… 36
  - 6.1.3 昼光の取扱い ……………………………………………………………… 37
  - 6.1.4 反射率および反射特性の位置づけ ……………………………………… 37
  - 6.1.5 規準の運用 ………………………………………………………………… 38
- 6.2 規準となる照明環境指標 …………………………………………………………… 39
  - 6.2.1 規定する照明環境の要件 ………………………………………………… 39
  - 6.2.2 照明環境指標としての輝度および照度の表示段階 …………………… 40
  - 6.2.3 輝度に関する規準 ………………………………………………………… 41
  - 6.2.4 不快グレアに関する規準 ………………………………………………… 45
  - 6.2.5 照度に関する規準 ………………………………………………………… 45
  - 6.2.6 演色性に関する規準 ……………………………………………………… 46
- 6.3 照明環境の設計規準 ………………………………………………………………… 46

# 7. 照明環境の省エネルギー規準 …………………………………………………………… 54
- 7.1 照明における省エネルギーの考え方 ……………………………………………… 54
- 7.2 照明消費電力量の算出の考え方 …………………………………………………… 55
- 7.3 照明消費電力量密度および照明消費電力密度の算出 …………………………… 57
- 7.4 照明制御による省エネルギー ……………………………………………………… 61
- 7.5 照明器具および空間の保守 ………………………………………………………… 62

# 8. 省エネルギーのための照明設計手法 …………………………………………………… 63
- 8.1 多灯分散照明方式 …………………………………………………………………… 63
- 8.2 タスク・アンビエント照明方式 …………………………………………………… 69
- 8.3 昼　光　利　用 ……………………………………………………………………… 75

# 1. 目　　　的

## 1.1　規準の目的

> 　室内における適切な照明環境の形成や普及を目的として，エネルギー有効利用の観点を含みながら，照明環境設計のための要件を示し，可能なものについては推奨値または目標値を定めることにより，日本建築学会環境基準として示すものである．

　照明環境を計画するうえでは，適切な照明環境を最小限のエネルギー消費で創出することが求められる．適切な照明環境には，①室用途や行為に合わせた空間および視対象の明るさが確保されていること，②視覚的な不快感，目の疲労および健康被害をもたらすような照明条件が避けられていること，さらに，③室用途や行為に合わせた美しさ，楽しさ，安らぎ感などの雰囲気が形成されていることなどが必要となる．これらにより，安全かつ能率的な行動や視作業を促すとともに，健康かつ文化的な人間生活を支える環境を提供することが可能となる．

　適切な照明環境の要件である明るさ，快適性，雰囲気などは，いずれも人間側の知覚・心理尺度として捉えられる．一方，それらの知覚・心理効果を実現するための物理的指標としては，空間内の各点から目に届く光の輝度分布と分光特性が重要である．輝度分布は明るさを始めとして，視対象の視認性などさまざまな視覚的効果を決定づける．分光特性は，色の効果や雰囲気，光の生理的影響などに深く関わる．さらに，視覚的効果は，視対象単体の瞬時的な物理量のみでは決まらず，つねに空間的・時間的な関係性の中で決定されることに留意しなければならない．

　適切な照明環境の形成とエネルギーの有効利用は両立可能であり，相反する目標ではない．人工照明のエネルギー消費は，総光束［lm］〔5.1.3項を参照〕と照明効率［lm/W］〔7.2節を参照〕で決まるが，照明計画を工夫することにより人工照明の総光束を抑えることは，持続可能な省エネルギー照明を実現するうえで重要な課題となる．人工照明のエネルギー消費を抑える方法の1つとして昼光利用が挙げられるが，この照明環境規準（以下，本規準という）における照明環境には，昼光照明と人工照明の両者を含むものとする．昼光照明を利用することは，照明の省エネルギー性を高めるだけでなく，照明環境の快適性や災害時の安全性に大きく寄与する．

　本規準においては，適切な照明環境を設計するうえでの要件を整理して示し，可能なものについては，照明環境に関する推奨値とエネルギー消費に関する目標値を提示する．なお，照明環境に関する推奨値は，適切な照明環境を形成するうえで参考となる値であり，推奨値に頼らなくても，個々の案件に合わせて適切な照明環境を実現するための要件を満たす設計〔6.1.5項を参照〕が可能な場合は，本規準に示す推奨値に則らなくてもよい．

## 1.2 規準制定の意義

> 本規準制定の意義は，照明シミュレーション，2次元輝度分布計測システムなどの新しい照明環境設計手法に合わせた次世代の照明基準の枠組みを示すことにある．

地球環境問題の観点から，照明におけるエネルギー有効活用の重要性は常に認識されていたが，2011年3月の東日本大震災とその後の電力需給の逼迫は，照明環境設計においても，省エネルギーが今後絶対的な要件になることを決定づけた．エネルギーの利用を最小限に抑えつつ，得られる照明環境の効果を最適化するには，より精緻な照明環境設計とそれに合わせた照明の基準が求められるようになる．従来の照明の基準において，中心的な指標であった水平面照度は，光束法による照明計算と連動して，簡便な照明設計を可能とするうえでは有効であった．ただ，適切な照明環境を精緻に検討するためには，より人間の視覚的効果に影響を及ぼす輝度分布からの検討を進める必要がある．一方，近年の照明計算手法や照明シミュレーション手法の発達により，以前は困難であった照明設計段階における輝度分布の算出なども可能になってきた．さらに，イメージセンサーを用いた2次元輝度分布計測システムも身近なものになりつつある．

本規準制定の意義は，これらの新しい照明環境設計手法に合わせた次世代の照明環境に関する基準の枠組みを示すことにある．また，均等拡散面を想定すれば，輝度は照度と反射率の積〔式(5.1)を参照〕に置き換えることができるため，視対象面の照度と反射率の情報が与えられれば，従来の照明基準との連続性を保つことが可能になる．

## 1.3 規準の考え方

> 適切な照明環境を最小限のエネルギー消費で創出するために，本規準ではアンビエント照明およびターゲット照明における照明環境の推奨値および人工照明のエネルギー消費量の目標値を提示する．

規準値の考え方には，許容限度としての許容値，推奨される状態を示す推奨値，目標とすべき状態を示す目標値がある．もちろん，時代の進展，経済状態，社会的コンセンサスなどにより規準値は変化しうるものであるが，本規準は，将来において見直す可能性も含め，照明環境については現時点での学術的な推奨値の範囲を想定した事項で構成する．一方，人工照明のエネルギー消費量については可能な限り低く抑えることが目標となるため，本規準においては，同じく将来見直す可能性も含め，現時点で想定可能な目標値を提示する．なお，学術的な結論に至っていない内容については，参考の形式で付記する．

適切な照明環境を最小限のエネルギー消費で創出していくためには，輝度分布を考慮しながら，必要な箇所に適量の光を配分する照明計画が必要となる．このような照明計画を実現する方法として，本規準においては，アンビエント照明およびターゲット照明という理念を提示する．すなわち，アンビエント照明により空間の明るさを確保し，ターゲット照明によって，視認性，視作業性および視対象の適切な見えを確保するための局所的な明

るさを得るものとする．本規準においては，アンビエント照明によって得られる空間の明るさを担保するための推奨値を輝度で示し，ターゲット照明によって得られる視作業面や視対象の明るさを担保するための推奨値を照度で示す．昼光照明は，主としてアンビエント照明による空間の明るさに寄与する要因として捉え，昼光導入時の開口部周りは，グレアの抑制を目標とすることにより，適切な輝度分布を保つものとする．

## 2. 適用範囲

> 本規準は作業，活動または用途別に照明環境規準を規定し，その範囲は，居住，教育・学習，事務，小売・外食・サービスおよび製造・加工とする．

　本規準が適用される作業，活動または用途の範囲は，居住，教育・学習，事務，小売・外食・サービスおよび製造・加工とする〔6.1.2 項を参照〕．代表的な建築物の種類は，住居・共同住宅，学校，事務所，商業施設および工場とし，作業，活動または用途別に照明環境規準を規定する．保険医療施設，美術館・博物館，駅舎など，個別に考慮すべき特殊な照明環境が要求される作業，活動または用途については，本規準の適用範囲には含めない．

## 3. 他法令および基準類との関係

> 照明環境に関する国際規格，日本工業規格，照明学会技術指針などとの関係について記す．

　本規準と関係する基準類を以下に列挙し，各基準の概要および本規準との関係を示す．現在，屋内外の照明に関する日本工業規格（JIS）は6つある．そのうち，屋内照明に関係するJISは，JIS Z 9110 照明基準総則, JIS Z 9125 屋内作業場の照明基準およびJIS Z 9127 スポーツ照明基準である．これらのJISは，照明学会または人間工学会が原案を作成し，日本工業標準調査会の審議を経て制定されている．また，照明学会は，技術指針を制定・発行している．屋内照明環境に関する照明学会技術指針は，JIEG-002 照明合理化の指針, JIEG-008 オフィスの照明設計技術指針, JIEG-009 住宅照明設計技術指針である．さらに，労働安全衛生規則は，採光と照明について規定している．学校については，学校施設整備指針（幼稚園，小学校，中学校，高等学校および特別支援学校）で，採光および照明設備に関する留意事項が示されている．

（1）ISO 8995-1/CIE S 008:E Lighting of work places - Part 1: Indoor（作業場の照明－第1部：屋内）（2001年 CIE（国際照明委員会）制定，2002年 ISO（国際標準化機構）制定）

　ISO 8995-1（CIE S 008）は，人々が全作業時間にわたって，視作業を能率的かつ快適で安全に行えるように，屋内作業場の照明要件を規定するものである．ISO 8995-1（CIE S 008）は，後述するJIS Z 9125 屋内作業場の照明基準の元になった．

　ISO 8995-1（CIE S 008）では，照明設計のために，輝度分布，照度と照度均斉度，屋内統一グレア評価法（UGR）による不快グレアの制御，モデリング，光の指向性，ランプの光色と演色性，昼光利用，保守，エネルギーへの配慮，VDT（コンピュータ端末）を利用するワークステーションの照明，フリッカとストロボスコープ効果の防止，非常照明および照明設計の検証の手順について述べられ，基準が定められている．具体的には，種々の室と作業および活動について，維持照度，UGR制限値および平均演色評価数の最小値が規定されている．

（2）JIS Z 9110 照明基準総則（1958年制定・照度基準；2010年改正・照明基準総則；2011年改正）

　JIS Z 9110は，従来，推奨照度のみを規定していた照度基準を改定し，主に人工照明によって，人々の諸活動が安全，容易および快適に行えるための照明設計の基準および照明要件の総則を規定するものである．JIS Z 9110では，種々の空間に適用することを目的に，屋内作業，屋外作業，構内の交通の安全および環境の安全・保安の4区分について，基本的な照明要件が規定されている．良い照明環境を実現するために，照明設計では，人々の活動目的に合致した照明レベルの設定，エネルギーの有効利用および周辺環境との調和を考

慮することとしている．JIS Z 9110 は，後述する JIS Z 9125，JIS Z 9127 を引用して，その規定の一部を構成している．

　照明基準総則では，照度，照度均斉度，屋内統一グレア評価法（UGR）による屋内照明施設の不快グレアの抑制，屋外グレア評価法（GR）による屋外照明施設の不快グレアの抑制，ランプの光色と演色性などの要件が，種々の作業や活動ごとに規定されている．2010 年改正の照明基準総則において，作業領域または活動領域における推奨照度は，中央値として規定されていた．しかし，2011 年 3 月の東日本大震災による電力需給ギャップに伴い，2011 年夏の需給対策として，より低い照度の利用を促すため，2011 年の改正で推奨照度の範囲が示されている．

(3) JIS Z 9125 屋内作業場の照明基準（2007 年制定）

　JIS Z 9125 は，2002 年に ISO から発行された国際規格 ISO 8995-1（CIE S 008）Lighting of work places - Part 1: Indoor（作業場の照明－第 1 部：屋内）を翻訳し，技術的内容を一部変更して制定されたものである．JIS Z 9125 は，全作業時間にわたって，視作業を効率良く，快適，安全に行うための屋内作業場の照明設計の基準と照明要件を規定している．

　この照明基準には，JIS Z 9110:2011 と同様に，輝度分布，照度，照度均斉度，屋内統一グレア評価法（UGR）による不快グレアの抑制，ランプの光色と演色性，保守，エネルギーへの配慮などの要件が規定されている．

(4) JIS Z 9127 スポーツ照明基準（2011 年制定）

　JIS Z 9127 は，スポーツ照明の社会的，経済的および国際的な変化と技術的な進歩に対応するため，また国際規格，ガイドなどとの整合を図るため，個別に制定されていた 5 つのスポーツ照明関連 JIS を廃止し，それらに代わるものとして制定された．JIS Z 9127 の制定に伴って廃止されたスポーツ照明関連 JIS は，JIS Z 9120 屋外テニスコート及び屋外野球場の照明基準，JIS Z 9121 屋外陸上競技場，屋外サッカー場及びラグビー場の照明基準，JIS Z 9122 屋内運動場の照明基準，JIS Z 9123 屋外，屋内の水泳プールの照明基準ならびに JIS Z 9124 スキー場及びアイススケート場の照明基準である．

　JIS Z 9127 は，運動競技関係者，観客，テレビジョン放送関係者などが，安全，円滑および快適に，運動競技を行ったり，観戦したり，撮影したりするために必要な照明要件を規定している．この照明基準には，照度，照度均斉度，グレアの抑制，ランプの光色と演色性，障害光の抑制などの要件が規定されている．照明の個別要件には，テレビジョン撮影のための要件と，特定の運動競技のための要件が示されている．推奨照度は，とくに指定がない場合，水平面照度で規定されるが，空間の光の分布状態を評価するために，円筒面照度，半円筒面照度および鉛直面照度による空間照度が規定され，水平面照度に対する空間照度の比の範囲が定められている．

(5) 労働安全衛生規則 第4章 採光及び照明（第604条-第605条）(1972年；2015年改正)

労働安全衛生規則は，労働安全衛生法（昭和47年法律第57号）および労働安全衛生法施行令（昭和47年政令第318号）に基づいて，同法を実施するために定められている．

労働安全衛生規則は，第604条で照度，第605条で採光および照明について規定している．照度について，事業者は，労働者を常時就業させる場所の作業面照度を，作業の粗密によって区分され規定される基準に適合させなければならない．照度の基準は，精密な作業において300 lx以上，普通の作業において150 lx以上，粗な作業において70 lx以上とされている．ただし，特殊な作業を行う作業場（感光材料を取り扱う作業場，坑内の作業場など）は，規定の対象から除外されている．採光および照明について，事業者は，明暗の対照が著しくなく，かつ，まぶしさを生じさせない方法を用いなければならない．また，事業者は，労働者を常時就業させる場所の照明設備について，6か月以内ごとに1回，定期的に点検しなければならないとされている．

(6) 学校施設整備指針（小中学校施設1992年/幼稚園施設1993年/高等学校施設1994年/特別支援学校施設1996年作成；2014年改正）

学校施設整備指針は，学校教育を進めるうえで必要な施設機能を確保するために，計画および設計において必要な留意事項を示している．学校施設整備指針は，幼稚園，小学校，中学校，高等学校および特別支援学校のそれぞれについて策定されている．

学校施設整備指針は，その基本的方針に，児童や生徒の学習や生活の場として，日照，採光，通風等に配慮した良好な環境を確保することとしている．窓の設計について，利用内容に応じて適切な採光を確保できるように，窓の位置，面積，形式などを適切に設定することが重要としている．照明設備の設計については，空間の利用内容，利用時間帯などに応じて必要な照度を確保し，見やすく，まぶしさのない良質な光が得られる照明器具を選定することとしている．照明器具の配列は，空間の面積や形状などに応じて，活動空間の各部における明るさの分布が均一となるように，また，まぶしすぎないように設定することおよび照明器具の設置位置は，必要な維持管理の方法，他の活動空間，周辺地域などに与える影響を考慮して，適切に決定することが重要としている．照明の点滅装置は，操作しやすい仕様のものを選定し，適切な位置に配置することが重要で，環境負荷低減の観点から，センサーなどを利用する方式を選定することも有効としている．

東日本大震災で顕在化した課題に対応して，学校施設の防災機能強化を目的に2014年に改正された学校施設整備指針では，災害時の利用を考慮して可搬式発電機や自家発電設備によって屋内照明を点灯させるため，配線の工夫や可搬式発電機の取付け口の設置が望ましいとしている．また，①非常時に電力供給量が不足する場合を考慮して省エネルギー型の照明器具を用いること，②避難所となる場合を考慮して，居住スペースとなる部分には夜間の避難者の睡眠を妨げないよう，調光機能付きの照明を用いることが有効としている．

(7) JIEG-002 照明合理化の指針・第 2 版（照明学会　2011 年）

　　照明学会の照明合理化の指針は，環境負荷削減と省エネルギーに寄与し，かつ質の高い豊かな照明を広く普及させるために作成された．この照明合理化の指針は，JIS Z 9110:2010 に基づく合理的な照明設計の要点，光源と照明器具の適正な選択と使用，昼光利用と照明制御，エネルギーの使用の合理化に関する法律（省エネ法）に基づくエネルギー管理の要点，照明設備の保守管理の要点，省エネルギー目標の事例，ならびに事務所，学校，店舗，病院，ホテルおよび住宅の照明設計のチェックポイントを示している．

(8) JIEG-008 オフィス照明設計技術指針（照明学会　2002 年）

　　照明学会のオフィス照明設計技術指針は，オフィス照明のあるべき姿，照明計画・設計の目標となる基準と設計の要点，照明制御の要点および照明設備の保守・管理の要点を示している．その基準は，オフィスビル内の執務エリア，役員エリア，コミュニケーションエリア，リフレッシュエリアおよびユーティリティエリアの照明に適用されるものである．ただし，その基準に非常時照明（非常用照明および誘導灯）は含まれない．

(9) JIEG-009 住宅照明設計技術指針（照明学会　2007 年）

　　照明学会の住宅照明設計技術指針は，従来の一室一灯照明方式から多灯分散照明方式へ住宅照明の質の向上を促すため，視対象の見えやすさを確保する照明と生活行為にふさわしい空間の光の分布を得る照明に分けて，技術指針を示している．空間の光の分布を表す尺度として，新たに明るさ尺度値が定義され，採用されている．

## 4. 用　　　語

用語の定義について記す．

用語の定義は，本規準に使用されている用語の中で理解を容易にするために説明の必要なもので，
① 他の規格または基準類で規定されていないもの
② 他の規格または基準類での定義とは若干異なり，本規準の範囲で限定的に使用しているもの
③ その他，規準の説明などでとくに必要なもの
を列挙した．よって，一般性が高く，かつその定義内容に共通理解があると思われる用語は省略している．

**・照明環境**
　生理的および心理的効果に関連して考慮された照明による環境．

**・明るさ**
　知覚する光の大小または強弱の程度．

**・順応**
　種々の輝度，分光分布および視角の大きさをもつ刺激に，事前およびそのときにさらされることによって，視覚系の状態が変化する過程または変化した状態．

**・視作業**
　各種作業の中で視覚が関与する部分を抽出し取り上げた概念．ただし，作業は生産に関わる行為だけでなく，生活一般における行為を指す．

**・視作業性**
　視作業の行いやすさ．

**・明視性**
　視対象の見えやすさ．

**・アンビエント面**
　空間の明るさを担保する面．

**・アンビエント照明**
　空間の明るさを確保するための照明．

**・ターゲット**
　視作業および視認されることを目的とする視対象．

**・ターゲット面**
　視作業を行う面，視対象の見えが重要となる面など，局所的に照明される面．

**・ターゲット照明**
　視認性，視作業性および視対象の適切な見えの確保を目的とした局所的な明るさを得

るための照明.

- **シルエット現象**

  開口部を背にした人がシルエットのように見えること.

- **概日リズム，サーカディアン・リズム**

  ほぼ24時間を周期とする，生体的および内因的なリズム.

- **全光束**

  光源がすべての方向に放出する光束の総和.

- **総光束**

  空間内に供給されるすべての光源から供給される光束の総和.

- **発光効率**

  人工光源の場合は，人工光源が発する全光束を光源の消費電力で除した値.

  昼光光源の場合は，日射に含まれる可視光成分を日射エネルギーで除した値.

  いずれも値が大きいほど効率の良い光源となる．単位はルーメン毎ワット［lm/W］．

- **照明効率**

  照明器具から供給される光束を照明器具の消費電力で除した値．値が大きいほど効率の良い照明器具となる．単位はルーメン毎ワット［lm/W］．

- **相当照明効率**

  人工照明の対象面において，照明器具から供給される光束をその光束の供給分に対応する照明器具の消費電力の合計値で除した値．効率の良い照明器具を採用すれば，その値は大きくできる．単位はルーメン毎ワット［lm/W］．

- **照明率**

  照明施設の基準面に入射する光束の，その施設に取り付けられた個々の人工光源の全光束の総和に対する比.

- **照明消費電力**

  光源を規定の条件で点灯した場合の，製造業者または責任のある販売業者が公表している光源の電力値．単位はワット［W］．

- **照明消費電力密度**

  単位面積あたりの照明消費電力．単位は［W/m$^2$］．

- **照明消費電力量**

  照明を一定期間点灯し続けたときに消費される電力の積算値．単位は［Wh］［kWh/年］など[注]．

- **照明消費電力量密度**

  単位面積あたりの照明消費電力量．単位は［Wh/m$^2$］[注]．

・多灯分散照明方式

　さまざまな行為が想定される多目的な居室において，室の広さに対応した一室一灯用照明器具の標準的な消費電力および光束を目安として，各生活行為に適切に対応できるように，小さめで高効率な複数の照明器具を必要箇所に分散して配置し，なるべくその目安を超えない総消費電力および総光束の点灯状況を設定する照明方式．

・昼光連動制御

　センサーで視対象に入射する昼光による反射光の輝度または照度を検知し，目標照度に対する不足照度を補うよう人工照明を自動調光する制御方法．

・スケジュール制御

　ある定めた時間割に従って人工照明の出力を調整することで，人工照明の常時点灯を防ぎ，人工照明による化石燃料の浪費を防ぐ制御方法．

・在室検知制御

　赤外線センサー，超音波センサー，カメラなどによって，在室者の有無を検出し，自動的に照明の点滅や調光を行う制御方法．

・初期照度補正

　光源の点灯初期の余分な明るさを調光することで，過剰な電力消費を抑える方法．

注）エネルギーの基本単位は J（ジュール）であるが，照明の分野では W（=J/s）を慣用的に用いる．消費電力量についても，1 W が 1 秒あたりのエネルギーの流れを表す単位であることを考慮すれば，本来は秒単位で積算していくべきであるが，照明の分野では通常 1 時間あたりの照明消費電力量 Wh を用いる．

## 5. 照明環境設計の要件

### 5.1 適切な空間の明るさ

> 空間の用途や想定される作業や活動の内容に応じて，空間の明るさが適切となるように照明計画を行う．

　照明は，空間の明るさを確保するためのアンビエント照明とターゲットの視認性や視作業性を確保するためのターゲット照明とに分けられる．例えば，全般照明方式では，同じ照明器具で両者の照明を同時に行っているが，一般に両者の照明ごとに有効な照明方式は異なるため，効率が良く省エネルギーに有効な照明計画を実現するためには，両者を分離して考えることが必要となる．

　一般に，空間の明るさは，落ち着きが求められる居間のような空間では暗めのもの，一方，作業を行うオフィスのような空間では明るめのものが求められる．空間の明るさは，作業面照度からでは推定できず，輝度など生活者の目に入射する光束に基づいて定義される測光量を用いて推定する必要がある．

　光源の輝度は，照明器具の場合は配光を用いて，開口部の場合は天空モデルなどを用いて推定することができ，壁面，天井面などの部分の輝度は，生活者の視野に入るさまざまな面の照度および反射率から，その概略を推定することができる．輝度を用いた場合は，空間の見え方についての詳細な情報がもたらされるが，生活者の目の順応状態や生活者が視線を向けた方向の輝度とその周辺との輝度の対比によって知覚される明るさが異なるため，輝度の分布を画像として取得して検討することが望ましい．

　生活者の目が高い輝度に順応することがない照明計画を行なえば，少ない光量で明るい空間を作り出すことも可能で，省エネルギーに貢献することができる．一方，自然光を利用するためにむやみに開口部を設置すると，開口部から見える高輝度の天空に目が順応するだけでなく，窓面輝度と周辺の壁面輝度の間に大きな輝度の対比が生じることになり，設計意図とは逆に空間が暗く見える場合がある．

　空間の明るさを確保しようとして壁などに照明を加え壁面の輝度を高くしすぎると，作業者の手元や生活者の顔が輝度対比の効果で暗く見える場合があり，注意が必要である．

### 5.1.1 室内反射面と輝度分布

> ある視点から見た空間の明るさは視野内の輝度分布によって決まり，空間が光沢のない面から構成されている場合，光源を除いた視野内の輝度分布は，構成面の各部分の反射率と照度から推定できる．

　人が明るさを知覚するためには，目に光が入射する必要があるが，通常，照明計画の指標として利用される照度は，想定された視作業面に入射する光の量を表す測光量であるため，知覚する明るさを直接説明することはできない．一方，輝度は，ある領域から目に入射する光の量を表す測光量であるため，知覚する明るさの検討に用いることができる．ま

た，視野全体の輝度分布がわかれば，眼前の鉛直面照度なども算出できる．

実空間を構成する材料には多かれ少なかれ光沢があり，輝度を正確に求めることは難しい．しかし，通常の照明計画では輝度の大まかな状態がわかればよく，空間を構成するすべての面を均等拡散面として輝度を求めればよい．均等拡散面の輝度 $L$ [cd/m$^2$] は次式によって表され，照度 $E$ [lx] と反射率 $\rho$ [-] に比例する．

$$L = (1/\pi)\rho E \tag{5.1}$$

すべての面が均等拡散面で構成された室内の照度分布は，3次元空間を小領域に分割した光束伝達法を用いれば得ることができ，それらに反射率の情報を加味すれば，輝度分布が求められる．

室内全体の輝度分布は間接光の影響を強く受ける．空間を構成するすべての面の反射率が高いと，相互反射による間接光の量が増加し，空間全体にわたって輝度が高くなり，輝度変化は小さくなる．とくに，空間の明るさに大きな影響を与える壁面や天井面の輝度は，間接光の寄与が大きくなるため，計画段階で輝度分布をチェックするには，輝度シミュレーション〔参考6.2.1(2)を参照〕が不可欠となる．

### 5.1.2 目の順応と輝度対比

> 生活者の視線方向にある領域の輝度がもたらす明るさは，目の順応状態と周辺輝度との対比によって変化する．空間の明るさを正しく推定するためには，生活者の視野内の輝度分布の情報が必要である．順応状態の大きな変化や周辺との大きな輝度対比は，視覚的な疲労をもたらすため，連続する空間との移動が想定される場合は，生活者の順応状態が大きく変化しないように注意し，開口部などを設置する場合は，生活者の視野内に大きな輝度対比が生じないような照明計画を行う．

例えば，曇天の屋外では空間は薄暗く，一方，夜のオフィスでは空間は明るく見える．曇天の輝度は数千 cd/m$^2$ 程度，オフィス壁面の輝度は数十 cd/m$^2$ 程度であるにもかかわらず，曇天の空と夜のオフィス壁面を比較すると，オフィス壁面の方がしばしば明るく見える．このような現象をもたらすものが，人の目がもつ順応という能力で，大きな光量がある空間では大きな光量に目が順応する．一方，視線方向にある領域の輝度が同じであっても，周辺輝度との対比によって知覚する明るさは異なる．このような明るさの同時対比の効果があるため，知覚する明るさを推定するためには，輝度の対比を考慮しなければならない．以上のように，輝度がもたらす明るさを定量化するためには，順応と対比の効果を推定しなければならず，それらの推定を定量的に行うために輝度画像が必要となる．

生活者の視野内に異なる空間が見えたり，生活者が異なる空間の間を移動したりする場合，空間ごとに供給されている光量が大きく異なると，視野内の輝度対比が大きすぎたり，空間の移動により視野内の平均輝度が大きく変化して目の順応状態が変化したりすることになり，視覚的な疲労が生ずる．昼間においては，屋外と室内でその光量が大きく異なるため，室内の開口部から屋外が見えたり，屋外から室内に移動したりする場合や室の用途

上，光量を抑える必要のある室に移動する場合には，順応の変化が大きくなりすぎないような照明計画が必要となる．

### 5.1.3 総光束

> 室内に供給される光束は，昼光照明による光束と人工照明による光束の和になる．室内に供給される総光束が少なくても，照明計画によって空間の明るさを確保することはできる．人工照明による光束は，直接的な電力消費につながるため，昼夜を通して削減する努力が必要である．

昼間，室内に供給される光束のうち，人工照明によって供給される光束は，照明による消費電力量に直接的に関係する．一方，昼光によって供給される光束は，電力を消費しないものの，熱を同時に持ち込むことになる．光束の供給は，通常，熱的な負荷をもたらすことになるため，両者を勘案した総合的な判断が必要となる．

室内に供給される全光束が空間の明るさに及ぼす効果は，生活者の目の順応状態によって異なる．大量の光束が供給されても，その光束を供給する光源が生活者の視野に入り，生活者の目が高い輝度に順応してしまうと，供給された光束の効果は薄れる．昼光が側窓ではなく天窓から供給され，さらにその光が壁面を適切に照らすように計画すると，目は高い輝度に順応することがないため，少ない光束で空間は明るくなる．これは人工照明の場合でも同様で，高輝度部分が見えないように供給された光束は，明るさへの効果が高い．

#### 【参考5.1.1】順応と対比の効果を定量的に推定する方法

順応と対比の効果を定量的に推定するためには，輝度画像が必要となる．輝度画像は各ピクセルが輝度の値をもつ画像で，画像解像度と画角（水平方向および垂直方向）をもつ．目の順応状態は，輝度の画像内平均である程度推定可能と考えられ，輝度値をそのまま平均する考え方と，輝度の対数を平均する考え方の二通りがある．

輝度の対比は，検討しようとする視線方向の領域が，均一背景に配置されているような単純な場合なら，その領域と背景の輝度比をとれば，量として算出できる．現実の複雑な輝度画像で視線方向と周辺との輝度対比を定量的に検討したい場合は，コントラスト・プロファイル法などを用いる．

順応と対比の効果を加味して知覚する明るさを推定するためには，ウェーブレット変換を利用した明るさ画像変換などが利用できるが，現在は，まだ国際的に合意された対比の効果の推定方法はない．

#### 【参考5.1.2】コントラスト・プロファイル法を用いた輝度対比の算出

視線方向にある領域と周辺領域が明瞭に分離できる単純な条件では輝度比の算出は容易だが，現実空間の複雑な輝度画像では，視線方向にある領域と周辺領域を論理的に定義することができない．この問題を解決するために開発された方法がコントラスト・プロファ

イル法で，この方法では，まず輝度比を算出したい視対象サイズを想定し，これを検出する重み付けのマトリックスを用意する．このマトリックスは，すべての値を足し合わせれば 0 に，中央部分だけを足し合わせれば 1 に近い値となり（通常は計算精度を落として約 0.56 となっている），このマトリックスを対数輝度画像に畳み込むことによって，想定された視対象と背景の輝度比が算出できる[1]．

### 【参考 5.1.3】ウェーブレット変換を用いた明るさ画像

空間の見え方を正確に検討するためには，視線方向にある領域の明るさ知覚を推定する必要があるが，それには順応の効果と対比の効果を加味することが必要となる．これらの効果を加味して作成された，明るさ知覚を数量化した画素からなる画像を明るさ画像という．対比の効果を前述のコントラスト・プロファイル法で算出し，順応の効果を輝度画像の平均で推定するという方法を，ウェーブレット変換を用いて実現した明るさ画像が提案されている[2]．

#### 参 考 文 献

1) 中村芳樹：光環境における輝度の対比の定量的検討法, 照明学会誌, Vol.84, No.8A, pp. 522-528, 2000
2) 中村芳樹：ウェーブレットを用いた輝度画像と明るさ画像の双方向変換－輝度の対比を考慮した明るさ知覚に関する研究（その 3）－, 照明学会誌, Vol. 90, No.2, pp.97-101, 2006

## 5.2 視認性および視作業性

> 安全性の確保には適切な視認性および視作業性が求められ，そのためには，視対象面の位置，視対象の大きさおよび視作業の細かさなど，視作業の内容に応じた照明計画が必要である．

さまざまな作業または活動における安全性の確保のためには，視対象が的確に視認され，視作業が適切に行われる必要がある．視認性や視作業性は明視性に大きく依存し，明視性は明視四要素（明るさ，対比，大きさおよび時間）に左右されることが知られている．建築物が構築する環境において行われる多くの視作業では，時間が制限されること，動く視対象を見ることなどは少ないため，一般には時間を除いた明視三要素（明るさ，対比および大きさ）を考慮すればよいとされている．

明視四要素または明視三要素の明るさは，人の視覚の順応レベル（注：視野内の輝度が一様に近い場合は平均輝度，厳密には視野内の輝度分布を考慮した順応輝度で示される．）を代表しており，視覚の感度を規定する要素である．一方，同じく対比と大きさは，環境側の要素であり，それぞれ，視対象の周辺との違い（注：明るさの違いに着目した場合は，輝度差や輝度対比で示される．）と，視対象の見かけの大きさ（注：視対象が目に張る角度である視角で示される．）とで表される．

生活者の輝度対比の閾値（識別可否の境界値）が，視対象の視角が大きいほど小さくなり，概して順応輝度が高いほど小さくなること〔参考5.2.1を参照〕は，環境条件と人の視覚の感度（閾値の逆数）との関係の表れである．また，高齢者など視覚的弱者については，閾レベルで把握される感度特性が異なること〔参考5.2.2を参照〕が報告されている．よって，安全性など必要最低限の条件の設定は別として，視覚的弱者に若齢者と同じ作業効率を求めるべきか否かを勘案して設計するべきである．

実際の作業環境においては，閾レベルでの視作業性を目標とするのではなく，閾レベル以上での視作業性に基づくべきであり，視覚的弱者への配慮も含め，明視要素と閾上の評価との関係〔参考5.2.3を参照〕を考慮する必要がある．

### 【参考5.2.1】視認域レベルと明視三要素の関係

図5.1は，視認閾値となる背景輝度と輝度対比とランドルト環の切れ目幅の視角（または視力=視角［分］の逆数）との関係，すなわち視認閾レベルの明視三要素の関係[1]を示している．ここで，背景輝度は視対象周辺の一様な輝度を示しており，順応輝度とみなされる．

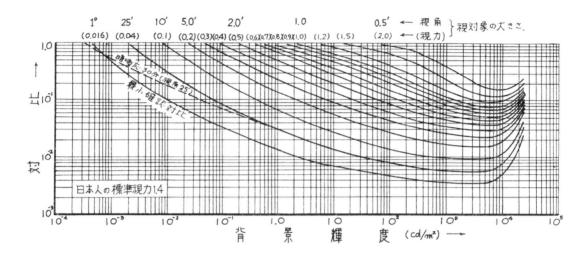

図5.1 等視力曲線

### 【参考5.2.2】年齢に伴う視力の低下

年齢に伴う視力の低下については，CIE TR145 [2] で輝度対比によってその低下の度合いが異なることが報告されている．図5.2は，20歳の人の視力を1とした相対視力を表している．

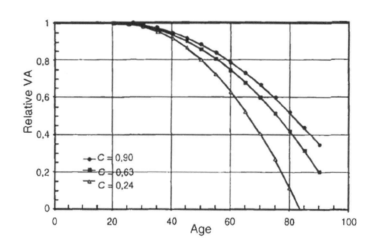

図5.2 年齢に伴う視力の低下

### 【参考5.2.3】文字の読みやすさと明視三要素の関係

文書を読む場合については，閾以上となる文章の読みやすさと明視三要素との関係が，図5.3に示される等読みやすさ曲面[3]で示されている．等読みやすさ曲面は，年齢が21～27歳の平均23.3歳で平均視力1.10の母集団の80％の人が「苦労せずに読める」「読みやすい」と評価するのに必要な順応輝度，輝度対比および文字の高さの視角（文字の高さが視点に対して張る角度［分］）の組合せを示している．読みやすさを一定に保つならば，順応輝度または輝度対比が高いほど，文字の高さは小さくてもよい．文字の輝度対比が低い場合に

は，順応輝度が 700 cd/m² 以上では背景輝度が高くなるほど，すなわち明るいほど必要な文字の高さの視角が大きくなる．明視性の観点からは，ある明るさ以上では明るいほど明視性が低くなり，明るすぎることは逆効果になることがわかる．

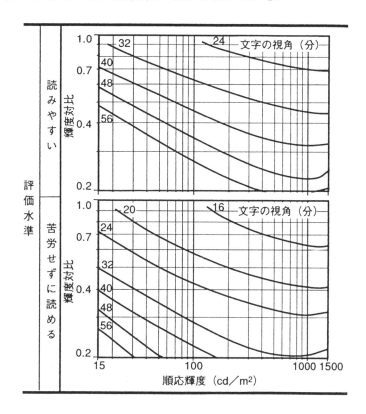

図 5.3　等読みやすさ曲面（平均視力 1.10：80%の人が満足するレベル）

### 5.2.1　ターゲットの把握

> 同じ空間でも作業や活動に応じてターゲットは異なるため，生活者の作業や活動の内容とターゲットに応じた照明計画が必要である．

建築空間での視作業における視対象は，文字などの細部識別を要するもの，生活者の顔や存在，歩行時の通路面，空間そのものなど，さまざまな大きさのターゲットが同時に存在している．それらの大きさに応じて，視認性や視作業性を確保する必要がある．そのためには，建築空間で行われる生活者の作業，または活動の内容と対応するターゲットを把握して，それらに必要な視認性や視作業性に応じた照明環境を計画する必要がある．

### 5.2.2　減能グレアの防止

> 減能グレアにより，視対象の視認性および視作業性が著しく低下させられてはならない．

減能グレアは，視野内に存在する高輝度面により視対象物の視認性や視作業性の低下をもたらす現象である．視認性や視作業性の低下は，多少であれば意識されることはないが，

それらが意識されるほどの著しい減能グレアを生じさせてはならない．

屋内照明空間においては，一般に不快グレアを抑制できていれば，減能グレアが意識される可能性は低い．ただし，開口部面のように大面積で高輝度の発光面は，意識されるほどの減能グレアを生じさせる可能性があるため，設置位置に注意する必要がある．

**参 考 文 献**

1) 中根芳一，伊藤克三：明視照明のための標準等視力曲線に関する研究，日本建築学会論文報告集, No. 229, pp. 101-109, 1975
2) CIE TR 145 The correlation of models for vision and visual performance
3) 原直也，佐藤隆二：文章の読みやすさについての多様な設計水準に対応する明視三要素条件を示す「等読みやすさ曲面」，日本建築学会環境系論文集, No. 575, pp. 15-20, 2004

## 5.3 不快グレアの防止

> まぶしさによる不快感および視作業性の低下を防止するため，高輝度面による不快グレアを抑制する必要がある．不快グレアの程度は，条件に応じて適切な不快グレア評価方法を用いて予測する．

不快グレアは，視認性の低下の有無にかかわらず，まぶしさによる不快感を伴うものである．不快グレアには2種類あり，一つは視野全体が高輝度でどこを見てもグレアが感じられる場合で，もう一つは比較的低輝度の環境の中に著しく高輝度の物体が存在する場合である．前者は，網膜が飽和状態に達していると考えられ，例えば，直射日光を受ける雪の積もった地表がこれにあたる．後者は，視野の大部分が網膜の順応範囲内にとどまっているが，グレア源からの光だけがそのときの順応範囲を超えている状態で，例えば，暗い部屋から見る屋外の明るい雲などがこれにあたる．

不快グレアの感じ方は，日本人と欧米人では異なるといわれ，文化・習慣の違いや虹彩の色素の違いによるものと考えられている．目の状態の加齢による変化によっても，不快グレアの感じ方が異なってくる．一方，木漏れ日のような快適なまぶしさもある．不快感には個人差も大きく，さらに同じ個人でも作業内容によって許容範囲が異なる．

屋内環境で不快グレアの原因となる主なものとしては，照明器具の発光面，開口部から見える明るい空・雲，屋外の直射日光の反射，直射日光遮蔽装置などでの直射日光の反射または拡散光が挙げられる．

不快グレアは主観的現象であるが，グレア源が特定できる場合は，グレア源の輝度，背景輝度，観測者の目の位置におけるグレア源の立体角，観測者の視線とグレア源の位置関係などから評価することができる．

### 5.3.1 照明設備の不快グレアの評価

> 照明設備の不快グレアは，CIE屋内統一グレア評価法に基づいて評価する．

照明設備の不快グレアは，CIE屋内統一グレア評価法（以下，UGR法という）に基づくUGR（Unified Glare Rating）によって評価する．評価値としての $UGR$ は次式で算出する．

$$UGR = 8 \times \log\left(\frac{0.25}{L_b} \times \sum \frac{L^2 \times \omega}{p^2}\right) \tag{5.2}$$

$L_b$：背景輝度 [$cd/m^2$]

$L$：観測者の目の方向に対するそれぞれの照明器具の発光部の輝度 [$cd/m^2$]

$\omega$：観測者の目の方向に対するそれぞれの照明器具の発光部の立体角 [sr]

$P$：それぞれの照明器具の視線からの隔たりに関するGuthの位置指数 [-]

UGR法の詳細は，CIE 117-1995[1]に規定されている．
JIS Z 9125（注：ISO 8995（CIE S 008/E：2001），Lighting of indoor work places を翻訳し，

技術的内容を変更して作成した日本工業規格）によれば，「UGR制限値は，標準観測位置においてランプ初期光束を用いて，計算しなければならない．照明設備が異なる配光，光源などで構成されるときは，UGRはすべての光源を組み合わせて計算しなければならない．UGR最大値が，照明設備全体の代表値として得られ，これがUGR制限値に従わなければならない．UGRを算出する前提条件は，設計仕様書に明記されなければならない．」とされている．

本規準では，照明設備のUGR制限値は表6.2～6.6に示しており，この値を超えないことが望ましい．UGR制限値は，UGR段階を用いる．各段階は，グレアの程度の変化を表現している．UGR段階は10，13，16，19，22，25，28となり，対応するグレアの程度は表6.1に示す．

### 【参考5.3.1】UGR式のパラメーター

視野内に比較的小さい（立体角0.01sr以下）グレア源が複数あり，それらの輝度が大きく異ならない場合，不快グレア評価Gは，次式のように示すことができる．

$$G = k_1 \log k_2 L_b^c \Sigma L_s^a \omega^b P^d \tag{5.3}$$

$L_s$：グレア源輝度 [cd/m$^2$]

$L_b$：背景輝度 [cd/m$^2$]

$\omega$：観測者の目の位置におけるそれぞれのグレア源の立体角 [sr]

$p$：視線からの光源の位置による補正 [-]

$k_1, k_2, a, b, c, d$：係数

なお，人工照明のためのUGR式では

$k_1 = 8$，$k_2 = 0.25$，$a = 2$，$b = 1$，$c = -1$，$d = -2$　となっている．

UGR法の詳細は，CIE 117-1995[1]に規定されている．以下にそれぞれのパラメーターについて示す．

(1) 背景輝度 $L_b$

背景輝度 $L_b$ [cd/m$^2$] は，グレア対象の光源を除いた視野内における，観測者の目の位置での鉛直面照度と同等の照度を生じるような観測者の周囲の空間の均一輝度として定義され，

$$L_b = E_i / \pi \tag{5.4}$$

$E_i$：観測者の目の位置での間接照度[lx]（注：間接照度 $E_i$ を求める方法はいくつかある．）

なお，背景輝度 $L_b$ がUGRに与える影響は比較的小さい．例えば，$L_b$ の差が+33%で，UGRの差は1程度となる．

(2) 照明器具の輝度 $L_s$

一般に，照明器具の輝度 $L_s$ [cd/m$^2$] は，

$$L_s = I / A_p \tag{5.5}$$

$I$ ：照明器具の観測者方向の光度 [cd]

$A_p$ ：投影面積 [m$^2$]

(3) 観測者の目における立体角 $\omega$

観測者の目の位置から見た照明器具の立体角 $\omega$ [sr] は，

$$\omega = A_p / r^2 \tag{5.6}$$

$A_p$ ：照明器具発光部の投影面積 [m$^2$]

$r$ ：観測者から照明器具発光部中心までの距離 [m]

(4) ポジションインデックス $P$

Guth のポジションインデックス $P$ は，視線上にない光源について，表 5.1 に示されたデータを参照することによって得られる．この表のパラメーターを図 5.4 に示す．表 5.1 ではパラメーターとして $T/R$, $H/R$ の値を用いているが，これは観測者を基準とした $(R, T, H)$ 座標系に基づいている．この $(R, T, H)$ 座標系では，視線が水平であるという仮定の下で，$R$ は観測者の目との距離を視線上に投影したものであり，$T$ は視線からの水平方向の変位であり，そして $H$ は観測者の目からの高さ（視線からの鉛直方向の変位）である．ここで，各座標値は照明器具の中心に対するものである．

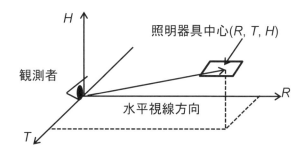

図 5.4　ポジションインデックスにおける観測者を基準にした $(R, T, H)$ 座標系
パラメーター$H/R$, $T/R$ は照明器具の中心に対する値

表5.1 ポジションインデックス表

| H/R \ T/R | 0 | 0.1 | 0.2 | 0.3 | 0.4 | 0.5 | 0.6 | 0.7 | 0.8 | 0.9 | 1.0 | 1.1 | 1.2 | 1.3 | 1.4 | 1.5 | 1.6 | 1.7 | 1.8 | 1.9 |
|---|---|---|---|---|---|---|---|---|---|---|---|---|---|---|---|---|---|---|---|---|
| 0 | 1.00 | 1.26 | 1.53 | 1.90 | 2.35 | 2.86 | 3.50 | 4.20 | 5.00 | 6.00 | 7.00 | 8.10 | 9.25 | 10.35 | 11.70 | 13.15 | 14.70 | 16.20 | - | - |
| 0.1 | 1.05 | 1.22 | 1.46 | 1.80 | 2.20 | 2.75 | 3.40 | 4.10 | 4.80 | 5.80 | 6.80 | 8.00 | 9.10 | 10.30 | 11.60 | 13.00 | 14.60 | 16.10 | - | - |
| 0.2 | 1.12 | 1.30 | 1.50 | 1.80 | 2.20 | 2.66 | 3.18 | 3.88 | 4.60 | 5.50 | 6.50 | 7.60 | 8.75 | 9.85 | 11.20 | 12.70 | 14.00 | 15.70 | - | - |
| 0.3 | 1.22 | 1.38 | 1.60 | 1.87 | 2.25 | 2.70 | 3.25 | 3.90 | 4.60 | 5.45 | 6.45 | 7.40 | 8.40 | 9.50 | 10.85 | 12.10 | 13.70 | 15.00 | - | - |
| 0.4 | 1.32 | 1.47 | 1.70 | 1.93 | 2.35 | 2.80 | 3.30 | 3.90 | 4.60 | 5.40 | 6.40 | 7.30 | 8.30 | 9.40 | 10.60 | 11.90 | 13.20 | 14.60 | 16.00 | - |
| 0.5 | 1.43 | 1.60 | 1.82 | 2.10 | 2.48 | 2.91 | 3.40 | 3.98 | 4.70 | 5.50 | 6.40 | 7.30 | 8.30 | 9.40 | 10.50 | 11.75 | 13.00 | 14.40 | 15.70 | - |
| 0.6 | 1.55 | 1.72 | 1.98 | 2.30 | 2.65 | 3.10 | 3.60 | 4.10 | 4.80 | 5.50 | 6.40 | 7.35 | 8.40 | 9.40 | 10.50 | 11.70 | 13.00 | 14.10 | 15.40 | - |
| 0.7 | 1.70 | 1.88 | 2.12 | 2.48 | 2.87 | 3.30 | 3.78 | 4.30 | 4.88 | 5.60 | 6.50 | 7.40 | 8.50 | 9.50 | 10.50 | 11.70 | 12.85 | 14.00 | 15.20 | - |
| 0.8 | 1.82 | 2.00 | 2.32 | 2.70 | 3.08 | 3.50 | 3.92 | 4.50 | 5.10 | 5.75 | 6.60 | 7.50 | 8.60 | 9.50 | 10.60 | 11.75 | 12.80 | 14.00 | 15.10 | - |
| 0.9 | 1.96 | 2.20 | 2.54 | 2.90 | 3.30 | 3.70 | 4.20 | 4.76 | 5.30 | 6.00 | 6.75 | 7.70 | 8.70 | 9.65 | 10.75 | 11.80 | 12.90 | 14.00 | 15.00 | 16.00 |
| 1.0 | 2.11 | 2.40 | 2.75 | 3.10 | 3.50 | 3.91 | 4.40 | 5.00 | 5.60 | 6.20 | 7.00 | 7.90 | 8.80 | 9.75 | 10.80 | 11.90 | 12.95 | 14.00 | 15.00 | 16.00 |
| 1.1 | 2.30 | 2.55 | 2.92 | 3.30 | 3.72 | 4.20 | 4.70 | 5.25 | 5.80 | 6.55 | 7.20 | 8.15 | 9.00 | 9.90 | 10.95 | 12.00 | 13.00 | 14.00 | 15.00 | 16.00 |
| 1.2 | 2.40 | 2.75 | 3.12 | 3.50 | 3.90 | 4.35 | 4.85 | 5.50 | 6.05 | 6.70 | 7.50 | 8.30 | 9.20 | 10.00 | 11.02 | 12.10 | 13.10 | 14.00 | 15.00 | 16.00 |
| 1.3 | 2.55 | 2.90 | 3.30 | 3.70 | 4.20 | 4.65 | 5.20 | 5.70 | 6.30 | 7.00 | 7.70 | 8.55 | 9.35 | 10.20 | 11.20 | 12.25 | 13.20 | 14.00 | 15.00 | 16.00 |
| 1.4 | 2.70 | 3.10 | 3.50 | 3.90 | 4.35 | 4.85 | 5.35 | 5.85 | 6.50 | 7.25 | 8.00 | 8.70 | 9.50 | 10.40 | 11.40 | 12.40 | 13.25 | 14.05 | 15.00 | 16.00 |
| 1.5 | 2.85 | 3.15 | 3.65 | 4.10 | 4.55 | 5.00 | 5.50 | 6.20 | 6.80 | 7.50 | 8.20 | 8.85 | 9.70 | 10.55 | 11.50 | 12.50 | 13.30 | 14.05 | 15.02 | 16.00 |
| 1.6 | 2.95 | 3.40 | 3.80 | 4.25 | 4.75 | 5.20 | 5.75 | 6.30 | 7.00 | 7.65 | 8.40 | 9.00 | 9.80 | 10.80 | 11.75 | 12.60 | 13.40 | 14.20 | 15.10 | 16.00 |
| 1.7 | 3.10 | 3.55 | 4.00 | 4.50 | 4.90 | 5.40 | 5.95 | 6.50 | 7.20 | 7.80 | 8.50 | 9.20 | 10.00 | 10.85 | 11.85 | 12.75 | 13.45 | 14.20 | 15.10 | 16.00 |
| 1.8 | 3.25 | 3.70 | 4.20 | 4.65 | 5.10 | 5.60 | 6.10 | 6.76 | 7.40 | 8.00 | 8.65 | 9.35 | 10.10 | 11.00 | 11.90 | 12.80 | 13.50 | 14.20 | 15.10 | 16.00 |
| 1.9 | 3.43 | 3.85 | 4.30 | 4.75 | 5.20 | 5.70 | 6.30 | 6.90 | 7.50 | 8.17 | 8.80 | 9.50 | 10.20 | 11.00 | 12.00 | 12.82 | 13.55 | 14.20 | 15.10 | 16.00 |
| 2.1 | 3.50 | 4.00 | 4.50 | 4.90 | 5.35 | 5.80 | 6.40 | 7.10 | 7.70 | 8.30 | 8.90 | 9.60 | 10.40 | 11.10 | 12.00 | 12.82 | 13.60 | 14.30 | 15.10 | 16.00 |
| 2.1 | 3.60 | 4.17 | 4.65 | 5.05 | 5.50 | 6.00 | 6.60 | 7.20 | 7.82 | 8.45 | 9.00 | 9.75 | 10.50 | 11.20 | 12.10 | 12.90 | 13.70 | 14.35 | 15.10 | 16.00 |
| 2.2 | 3.75 | 2.45 | 4.72 | 5.20 | 5.60 | 6.10 | 6.70 | 7.35 | 8.00 | 8.55 | 9.15 | 9.85 | 10.60 | 11.30 | 12.10 | 12.90 | 13.70 | 14.40 | 15.15 | 16.00 |
| 2.3 | 3.85 | 4.35 | 4.80 | 5.25 | 5.70 | 6.22 | 6.80 | 7.40 | 8.10 | 8.65 | 9.30 | 9.90 | 10.70 | 11.40 | 12.20 | 12.95 | 13.70 | 14.40 | 15.20 | 16.00 |
| 2.4 | 3.95 | 4.40 | 4.90 | 5.35 | 5.80 | 6.30 | 6.90 | 7.50 | 8.20 | 8.80 | 9.40 | 10.00 | 10.80 | 11.50 | 12.25 | 13.00 | 13.75 | 14.45 | 15.20 | 16.00 |
| 2.5 | 4.00 | 4.50 | 4.95 | 5.40 | 5.85 | 6.40 | 6.95 | 7.55 | 8.25 | 8.85 | 9.50 | 10.05 | 10.85 | 11.55 | 12.30 | 13.00 | 13.80 | 14.50 | 15.25 | 16.00 |
| 2.6 | 4.07 | 4.55 | 5.05 | 5.47 | 5.95 | 6.45 | 7.00 | 7.65 | 8.35 | 8.95 | 9.55 | 10.10 | 10.90 | 11.60 | 12.32 | 13.00 | 13.80 | 14.50 | 15.25 | 16.00 |
| 2.7 | 4.10 | 4.60 | 5.10 | 5.53 | 6.00 | 6.50 | 7.05 | 7.70 | 8.40 | 9.00 | 9.60 | 10.16 | 10.92 | 11.63 | 12.35 | 13.00 | 13.80 | 14.50 | 15.25 | 16.00 |
| 2.8 | 4.15 | 4.62 | 5.15 | 5.56 | 6.05 | 6.55 | 7.08 | 7.73 | 8.45 | 9.05 | 9.65 | 10.20 | 10.95 | 11.65 | 12.35 | 13.00 | 13.80 | 14.50 | 15.25 | 16.00 |
| 2.9 | 4.20 | 4.65 | 5.17 | 5.60 | 6.07 | 6.57 | 7.02 | 7.75 | 8.50 | 9.10 | 9.70 | 10.23 | 10.95 | 11.65 | 12.35 | 13.00 | 13.80 | 14.50 | 15.25 | 16.00 |
| 3 | 4.22 | 4.67 | 5.20 | 5.65 | 6.12 | 6.60 | 7.05 | 7.80 | 8.55 | 9.12 | 9.70 | 10.23 | 10.95 | 11.65 | 12.35 | 13.00 | 13.80 | 14.50 | 15.25 | 16.00 |

〈付記〉ポジションインデックスの計算式

ポジションインデックスは，北米照明学会（IES Lighting Handbook, Reference Volume, Illuminating Engineering Society of North America, 1984, 9.46, 9.49）が提案した以下の近似式で求めることもできる[2]．

$$\ln P = (35.2 - 0.31889\gamma - 1.22 \exp(-2\gamma/9)) \times 10^{-3} \sigma + (21 + 0.26667\gamma - 0.002963\gamma^2) \times 10^{-5} \sigma^2 \quad (5.7)$$

$P$ ：ポジションインデックス

$\sigma, \gamma$ ：図 5.5 に示す角度 [degree]

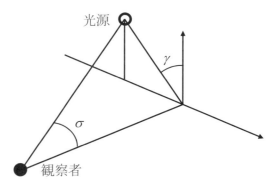

図 5.5 ポジションインデックス計算式の角度

図 5.5 に示した $(R, T, H)$ 座標系は，照明器具の輝度および立体角の項の計算にも使用される．各照明器具の位置座標がこの座標系を基にしていることはもちろんのこと，さらに，観測者から見た照明器具の向きに関する情報もこの座標系から得られる．

2 つの対称軸をもつ照明器具〔図 5.6 参照〕の場合，観測者の視線に対して長軸が垂直または平行になるように配置したとすると，角度座標 $(C, \gamma)$ は，

視線に対して長軸が垂直な場合，

$$C = \arctan (T/R) \tag{5.8}$$

視線に対して長軸が平行な場合，

$$C = 90° - \arctan (T/R) \tag{5.9}$$

$$\gamma = \arctan \left( \frac{\sqrt{R^2 + T^2}}{H} \right) \tag{5.10}$$

また，観測者と照明器具中心の間の距離 $r$ の 2 乗は，

$$r^2 = R^2 + T^2 + H^2 \tag{5.11}$$

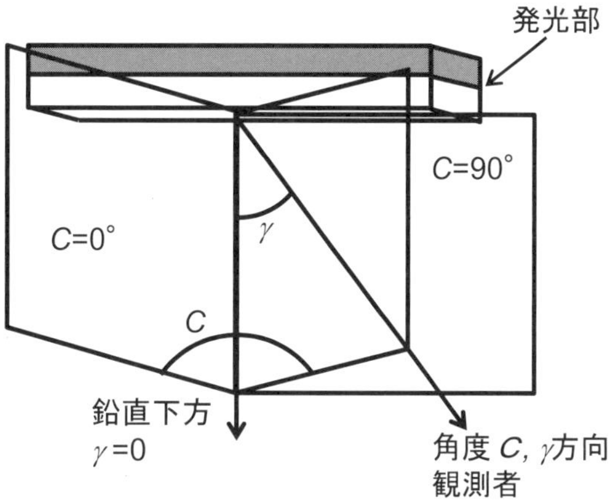

図 5.6 角度座標 $(C, \gamma)$ による照明器具を基準とする任意の方向の表現

$UGR$ の計算では，照明器具発光部の輝度 $L$ [cd/m²] と投影発光部面積 $A_p$ [m²] が必要となる．この 2 つの対称軸をもつ照明器具では，$C = 0°$ または $180°$ の面と $C = 90°$ または $270°$ の面について対称となり，この面を中心として，器具の配光特性および光の形状が左右対称になる．

ポジションインデックスの値が，パラメーター $T/R$ の正負について対称となるため，表 5.1 ではこのパラメーターの負の値については記述がなく，$T/R$ の絶対値を表示している．

また，$T/R$ の値が表 5.1 にある 0 から 3 までの値以上となる照明器具については，無視することとしている．さらに，この表では，$H/R$ の大きい値のいくつかの部分が空欄になって

いる．これらは，観測者の視線が眉や額で遮られることによって，視界から外れる部分に対応しているため，この部分の照明器具は，$UGR$ の計算では考慮しない．

UGR 法に使うデータの範囲には制限があり，観測者の目から見た光源の立体角が最大で 0.1 sr のものまでである（注：これは約 3 m の距離で 1 m 角の照明器具を見た場合にあたる）．一方，非常に小さい光源の場合の不快グレアは，輝度よりもむしろ光度によって決まる．そのため，UGR 法は，0.0003 sr より小さい光源に対しては適用できない（注：これは約 10 m の距離から白熱灯のダウンライトを見た場合にあたる）．

グレア源が大きい場合，グレア源内の輝度分布が一様でない場合，背景とグレア源の分離が困難な場合などは，上記の評価方法はそのまま当てはまらない．

### 【参考 5.3.2】 UGR と主観評価の対応

UGR 式は「従来の不快グレアの計算式の良い部分を組み合わせて作られた」とされているが，主観評価との対応については有効なデータがなく，基になったグレアインデックス BRS-GI の値と主観評価との関係をそのまま用いている．

BRS-GI と対応する主観評価は「10：感じ始める，16：気になり始める，22：不快と感じ始める，28：ひどすぎると感じ始める」とされているが，この関係にも不明瞭な部分があり，BRS-GI の値が 3 ほど大きくなっている可能性が残っている．また UGR と BRS-GI の関係も背景輝度によって異なり，背景輝度 50〜100 cd/m$^2$ でおおむね 1.8〜2.4 程度 UGR の方が大きくなる．これらを考え合わせると，UGR 値は実際の主観評価より 3 から 6 ほど過大評価になっているおそれがある．

### 5.3.2 さまざまな条件における不快グレア評価式

> UGR の適用範囲外となる，グレア源が大きい場合（グレア源の立体角が 0.1sr 以上），グレア源内の輝度分布が一様でない場合，視野全体が複雑な輝度分布を持ち背景とグレア源の分離が困難な場合などは，不快グレアの検討には注意が必要である．

屋内照明環境において不快グレアを生じる発光面は，人工照明と開口部に大別される．各発光面の輝度・輝度分布，大きさおよび光源周辺の状況に応じて適切に評価し，かつ制御する必要がある．各種グレア評価式を参考 5.3.3 で記す．

### 【参考 5.3.3】各種グレア評価式

人工照明（とくに蛍光ランプ）について，北米には VCP (Visual Comfort Probability) という不快グレア評価法があったが，UGR が統一的方法として認められると，UGR が使用されるようになった．

開口部などの昼光からのグレアについても，いくつかの評価式が提案されている．

DGP (Daylight Glare Probability) は次式で計算され，不満な人の割合が算出される[3]．

$$DGP = 5.87 \times 10^{-5} E_v + 0.0918 \times \log_{10}\left(1 + \sum_{i=1}^{n} \frac{L_{s,i}^2 \omega_{s,i}}{E_v^{1.87} P_i^2}\right) + 0.16 \quad (5.12)$$

$E_v$ ：目の位置の鉛直面照度 ［lx］

$L_{s,i}$ ：各光源の輝度 ［cd/m$_2$］

$\omega_{s,i}$ ：各光源の立体角 ［sr］

$P_i$ ：各光源のポジションインデックス ［-］

PGSV（Predicted Glare Sensation Vote）も開口部面からのグレア評価式で，次式で計算され，評価値 0：感じ始める，1：気になり始める，2：不快と感じ始める，3：ひどすぎると感じ始める，が算出される[4]．

$$\text{PGSV} = 3.2 \log L_s + (0.79 \log \omega - 0.61) \log L_b - 0.64 \log \omega - 8.2 \quad (5.13)$$

$L_s$ ：窓面の平均輝度 ［cd/m$^2$］

$L_b$ ：背景輝度 ［cd/m$^2$］

$\omega$ ：窓面の立体角 ［sr］

### 参 考 文 献

1) CIE Technical report Discomfort glare in interior, CIE 117, 1995

2) IES Lighting Handbook, 1984. Reference Volume, Illuminating Engineering, Society of North America, pp. 9-46, 9-49

3) Wienold, J. and Christoffersen, J.: Evaluation methods and development of a new glare prediction model for a daylight environment with the use of CCD cameras, Energy and Buildings, 38, pp. 743-757, 2006

4) Tokura, M., Iwata, T and Shukuya, M: Experimental study on discomfort glare from windows, Part 3, Development of a method for evaluating glare from a large light source, 日本建築学会計画系論文集, No. 489, pp.17-25, 1996

## 5.4 光色の心理的効果

### 5.4.1 相関色温度

> 相関色温度だけでは，色度，すなわち見かけの色を特定できない点に留意する必要がある．1つの空間には相関色温度が等しい光源を選ぶことにより，違和感のない照明環境が実現できる．

一般に，光の見かけの特徴を表すとき，赤っぽい光，青っぽい光などというが，このような照明光や光源の見かけの色，すなわち光色を表す尺度として色温度を用いる．照明光や光源の色温度は，それと等しい色度をもつ黒体の絶対温度［K］で表す．ただし，人工光源の多くはその色度が黒体軌跡上にはないため，黒体軌跡の周辺の色度範囲まで広げ，相関色温度として適用する．図5.7は黒体軌跡と相関色温度の関係で，図中の黒体軌跡を横切る線上の色度は，同じ相関色温度であることを示す．

相関色温度は，見かけの光色を表すのに広く使われている．ただし，相関色温度だけでは，色度，すなわち見かけの色を特定できない点に留意する必要がある．同じ相関色温度でも，黒体軌跡より上側の色度を有する色は緑っぽく見え，下側の色度を有する色は赤っぽく見える．

1つの空間には相関色温度が等しい光源を選ぶことにより，違和感のない照明環境が実現できる．一方，空間を変化のある雰囲気にしたい場合には，例えば高色温度の光源を用いたアンビエント照明に，低色温度の照明をアクセントとして加えることにより実現できる．照明光の色度がわかれば相関色温度が特定できる．逆に，相関色温度だけでは色度が特定できないため，$\Delta u'v'$などの黒体軌跡から外れた距離を指標として併用することで，色度を特定する場合もある．なお，相関色温度は白色光に限って適用されるものであり，赤色や青色の光といった色光には適用しない．

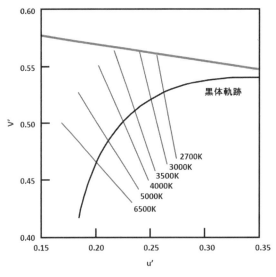

図5.7　黒体軌跡と相関色温度

## 5.4.2 好ましい色温度と照度

一般に，低色温度では低い照度の範囲が好まれ，高色温度では高い照度の範囲が好まれる．また，色温度が高くなるにつれて好まれる照度の範囲は広くなると考えられている．

好ましい光の色温度と照度との間には一定の関係があるといわれている．この関係は，図5.8に示すクルイトフ曲線（Kruithof curve）[1]として国内外で広く知られている．このクルイトフ曲線は，色温度の範囲に対して好ましいと評価された照度の範囲を示している．この図は，低色温度では低い照度の範囲が好まれること，高色温度では照度の高い範囲が好まれること，および色温度が高くなるにつれて好まれる照度の範囲は広くなることを示している．Kruithof[1]が太陽光と白熱電球を実験に用いたことを勘案すると，クルイトフ曲線は，燃焼による灯火と太陽光といった自然光における色温度と照度との関係を表していると考えられる．しかし，明暗順応や色順応をしたときには期待どおりの効果が得られない場合がある[2],[3]ことから，白色光の色温度の範囲において任意の照度が実現できるLEDのような光源が普及している現状においては，照明設計のときに参考にする程度にとどめたい．

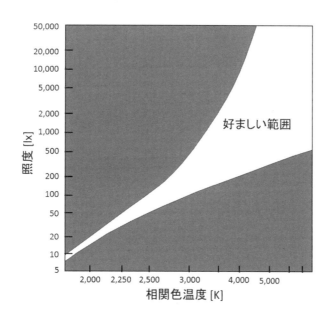

図5.8 クルイトフ曲線

## 5.4.3 視覚的温冷感

相関色温度が低い照明ほど暖かい感じがし，相関色温度が高い照明ほど涼しい感じがする．空間の用途や照射する対象に適した光色の選択が重要である．

CIE[4]による相関色温度と温冷感との関係を以下に示す．一方，JIS Z 9112[5]では，昼光色，昼白色，白色，温白色，電球色という蛍光ランプの各光色区分について，色度範囲を規定している．光色区分は，生活者が蛍光ランプを選定するときの拠り所になる．とくに，オ

フィス，教室などの広い室で，複数の蛍光ランプ用照明器具が天井に規則正しく並べられている場合，その室の視覚的な秩序を保つためには，同一の光色区分の蛍光ランプを使用することが望ましい．

  3300 K より低い色温度の光色  ：暖かい
  3300 K 以上，5300 K までの光色：中間
  5300 K 以上の色温度の光色  ：涼しい

上述のように，光色によって室内の雰囲気は変化するため，室の用途と照射する対象に適した光色の選択が重要である．例えば，執務室では，涼しく感じられる 5000 K 以上の光色の光源が用いられ，住宅の寝室では，暖かく感じられる 3000 K 以下の光色の光源が用いられる．しかし，アメリカの執務室では 3000～4000 K の光源が広く用いられているように，光色の好みは，各国の習慣や文化から影響を受けていると考えられる．

また，均斉度の高い空間で過度に単調な雰囲気になってしまう場合には，異なる光色の照明をアクセント照明として加えることにより，輝度の均斉度は維持しながら変化を含んだ照明環境が実現できる．

**参 考 文 献**

1) Kruithof A.A., Tubular luminescence lamps for general illumination. Philips Technical Review, 6(3): 65-73, 1941
2) 中村肇, 唐澤宜典: 照度・色温度と雰囲気の好ましさの関係, 照明学会誌, Vol. 81-8A, pp. 69-76, 1997
3) 大井尚行, 笠尾円, 高橋浩伸: 生活行為を想定した室内照度・色温度の好ましさに関する模型実験, 日本建築学会環境系論文集, No. 614, pp. 87-92, 2007
4) CIE Publication No. 15.2: Colorimetry, 2$^{nd}$ edition, 1986
5) 日本工業規格　JIS Z 9112:2012 蛍光ランプ・LED の光源色および演色性による区分

## 5.5 演色性

> 人工光源の演色性の現行の評価は，自然光の下での色の見えへの忠実性に基づいている．しかし，人工光源の分光特性の多様化に伴い，用途によっては，忠実性の高さとともに，色の見えの好ましさについても考慮することが望ましい．

低圧ナトリウムランプで照明されたトンネル内を運転するとき，水銀ランプで照らされた夜道を歩いているときなど，それらの光源によって照明された物体の色の見えが自然光の下でのものと異なる場合がある．このとき，物体の色の見えは，光源の分光分布と物体の分光反射率によって決まる．よって，物体の分光反射率を特定し，物体の色の見えを光源の分光特性に起因させることにより，人工光源の特性として物体の色の見えに影響を与える演色性を示すことができる．

一般に，人工光源の演色性は，人工光源により照明された物体の色の見えの自然光による色の見えに対する忠実性を定量的に表すことにより得られる．その評価指標として，次項の演色評価数が用いられる．

しかし，空間の用途によっては，上述の忠実性がそれほど重要ではなく，むしろ物体の色が自然光の照明下より鮮やかに，すなわち高彩度に見えたほうが好まれる場合もある．このような好ましい色再現の光源により照明された空間は明るく見えるために，色再現の好ましさを定量的に評価する指数が提案された[1),2),3)]．また，特定の用途では，白い紙面，壁面などの白さ感や人の肌の色の見えの好ましさが重要である場合もある．そのため，白さ感および肌色の好ましさの指数が提案された．

LEDは，分光特性について幅広い選択肢を有しており，生活者が光色を任意に制御できる自由度を有しているため，用途によっては，忠実性とともに色の見えの好ましさについても考慮し，光源を選定し制御することが望ましい．

### 5.5.1 演色評価数

> 現行の演色評価数は，厳密には LED などの新しい光源に適応できない場合がある．しかし，現在，平均演色評価数が唯一の国際基準であるため，人工光源の選定に際しては，平均演色評価数に基づき，高い値を有する光源を選定することが望ましい．

一般照明用光源の演色評価数はJIS Z 8726[4)]に規定されており，試料光源の下での試験色の見え方を基準光源下でのそれらと比較することによって評価される．基準光源については，黒体放射またはCIEにより定められているCIE昼光[5)]のうちから評価する試料光源の相関色温度と等しいものを選ぶ．試験色としては，身の回りにある中彩度の色から15色（No.1〜No.15）が選定されており，各試験色を基準光源および試料光源で照明したときの色刺激値（計算値）を求め，基準光源に対する試料光源の色ずれ量を100から差し引いた値を計算する．ただし，物体の色の見えは，人の目が色順応する前と色順応した後とで異なるため，この色順応の影響を考慮した色刺激値である特殊演色評価数を算出する．さらに，試験色No.1〜8に対する特殊演色評価数を平均し，平均演色評価数$R_a$を求める．

JIS Z 8726の演色性評価方法[4]では，光源の演色性を評価するときには，平均演色評価数$Ra$を必ず用い，必要に応じて特殊演色評価数を付記するように定められている．一方，ISO 8995-1[6]や照明学会技術指針JIEG-008[7]では，部屋の用途や作業内容に対応した平均演色評価数が推奨されている．一般に道路照明には平均演色評価数60以上，屋内照明には80以上の光源が適していると考えられている．各種光源の平均演色評価数については，光源メーカー各社のカタログに記載されている．

本規準でも，平均演色評価数を規定している〔表6.2～6.6を参照〕．照明設計を行うときには，作業，活動または用途に応じた平均演色評価数の推奨値を参照し，その条件を満たす光源を選定することで，適切な照明環境を実現することが重要である．

### 5.5.2 演色評価数の限界

現行の演色評価数には限界があることを知ったうえで，光源を選定する必要がある．

前述のように平均演色評価数は，実用的な場面で広く利用されている．ただし，この平均演色評価数は，基準光源に対する色ずれの少なさだけで評価するものであり，ずれの方向を考慮したものではない．そのため，好ましい方向に色がずれた場合でも，平均演色評価数は低く評価されてしまうことになる．

また，現行の演色評価数は，色順応の予測にvon Kries色順応予測式を用いているが，このvon Kries式では実際の現象に対応しない場合があった．そのため，これを修正した種々の色順応モデルが提案されている．CIEでは，色順応の予測にCAM02を用いた平均演色評価数の改訂版であるCRI-CAM02UCS[8]が提案されており，技術委員会で審議が継続されている．

さらに，一般照明用光源として広がりつつあるLEDは，従来の照明用光源とは分光分布が異なるため，演色評価数が実際の色の見えに対応しない場合がある．そのため，LEDの特性を加味した演色評価数が検討されているが，国際的な合意には至っていない．

### 参考文献

1) Boyce P.R., Variability of contrast rendering factor in lighting installations. Lighting Research and Technology, vol. 10(2): 94-105, 1978
2) Kanaya S., Hashimoto K., Kichize E., Subjective balance between general color rendering index, color temperature, and illuminance of interior lighting. In: Proceeding of the CIE 19th Session (Kyoto), 274–278, 1979
3) Hashimoto, K., Nayatani, Y.: Visual clarity and feeling of contrast. Color Research and Application, 19(3), 171–185, 1994
4) 日本工業規格　JIS Z 8726: 1967 光源の演色性評価方法
5) CIE Publication No. 15.2: Colorimetry, 2nd edition, 1986
6) ISO 8995-1:2002 (CIE S 008/E:2001) Lighting of work places -- Part 1: Indoor
7) 照明学会技術指針 JIEG-008(2002) オフィス照明設計技術指針

8) Li C, Luo RM, Li C, Cui G, The CRI-CAM02UCS colour rendering index: 37(3), 160–167, 2012

## 5.6 光の指向性
### 5.6.1 モデリングへの配慮

> モデリングは，光の指向性および拡散性のバランスに関係する．立体的な視対象を使用目的に応じて適切に見せるためには，光の指向性や対比効果に留意することが重要である．ある室を照明する場合，ほぼすべての場所において適切なモデリングが得られることが望ましい．

立体物，人など立体的な視対象を指向性のある光で照明すると，ハイライトや陰影によって，視対象を際立たせたり，質感を強調したり，人の見え方を向上させることができる．一方，立体的な視対象を完全拡散光のような指向性のない均一な光で照明すると，立体感が乏しく平板に見える．このように，モデリングは，光の指向性および拡散性のバランスに関係する．適切なモデリングを得るため，すなわち立体的な視対象を使用目的に応じて適切に見せるためには，光の指向性や対比効果に留意し，水平面照度と鉛直面照度とのバランスを確保することが重要である．また，視対象が有する光沢，陰影などによる立体感や材質感を表現するために，寸法，立体角など照明器具の大きさや取付け位置を適切に設定する必要がある．

また，モデリングの効果は，照明による明るさにも影響を与える．例えば，曇天空のようなモデリングの効果が弱い天空光の下では，かなりの高照度であっても明るさは乏しいが，太陽の直射日光が加わった晴天時の屋外光のようにモデリングの効果が強い場合には，相対的に低い照度でも明るさが増すことがある．

さらに，ある室を照明する場合，ほぼすべての場所において適切なモデリングが得られることが望ましい．例えば，一般的な片側採光室における開口部近傍では，開口部向きと室奥向きの鉛直面照度の差が大きくなり，視対象のモデリングが悪くなることが多い．これを解消するためには，室奥側から照明する必要がある．

### 5.6.2 指向性のある照明による視作業性の向上

> 指向性のある照明により，立体的な視対象に対する視認性や視作業性を向上させることができる．とくに精密加工作業などに有効であり，視対象の特性に応じた適切な指向性のある照明の使用が望ましい．

指向性のある照明によるモデリング効果により，立体的な視対象に対する視認性および視作業性を向上させることができる．特定の方向からの照明は，視作業における細部を見せることができ，視認性を向上させ，視作業を容易にすることができる．とくに，微細なテクスチュアを見分ける作業，けがき作業など，精密な加工・組立・検査・試験・選別作業に有効である．視対象の特性に応じた適切な指向性のある照明を適切な場所で使用する

ことが望ましい．

### 5.6.3　シルエット現象の防止

視対象がシルエット状態になり，視認性を低下させないように，視対象の輝度と背景輝度のバランスを適切に調整することが望ましい．

　明るい開口部を背にした人の顔を見た場合など，目が高輝度の開口部面に順応することで，その人の顔がシルエット状態になり，視認性が低下して見えにくくなるシルエット現象が発生する．

　図 5.9，5.10 に示す 2 枚の写真は，オフィスの昼間と夜間の窓を背にして座っている人の顔を撮ったものである．室内の照明は昼間も夜間も同様に点灯しているので，人の顔の輝度はほぼ同一であるが，夜間の人の顔は明るく，昼間の明るい窓を背にした人の顔は暗く見える．これは，視対象である窓を背にした人の顔面を見る人の目の順応状態が異なるからである．よって，私たちの目がどのような順応状態にあるのかを考え，シルエット現象が生じないように，視対象の輝度と背景輝度のバランスを適切に調整することが望ましい〔5.1.2 項を参照〕．

図 5.9　オフィスにて窓を背にして
　　　　座った人の顔（昼間）

図 5.10　オフィスにて窓を背にして
　　　　 座った人の顔（夜間）

## 5.7 照明と健康

> 光は，睡眠・覚醒リズムの調節に関与し，人の生理的・心理的状態に影響を与える．1日の良好なリズムを保つためには，時間帯によって適度な光の変動を受けることが望ましい．夜間は，入眠や睡眠を阻害しないように，光への曝露に注意する必要がある．

人は約24時間を周期とする睡眠・覚醒のリズムをもっている．概日リズムは，目で受容される環境の光の影響を受けるが，その特徴として，非常に強い光刺激が必要なこと，波長500 nm の緑色光が最も有効なことが知られていた[1]．その後，哺乳動物の網膜において，視細胞だけでなく網膜神経節細胞の一部にも光感受性があり，概日リズムの光同調，瞳孔の対光反射など，種々の生理機能に関与することが判明した[2)-5)]．また，夜間に分泌され，睡眠に関係するメラトニンというホルモンは約460 nm の青色光に最も抑制されやすいこと，および光感受性をもつ網膜神経節細胞は約480 nm の緑青色光に最も感度が高いことが報告されている[2),5)-8)]．昼間に十分な光を浴びなかったり，夜遅くまで明るい環境下にいたりすると，概日リズムが乱れ健康に悪影響を及ぼす．とくに短波長光（青色光）の作用が大きいといわれている．しかし，種々の生理機能に関する光の作用の仕組みや波長特性については不明な点が多く，必ずしも青色光だけが影響するとはいえない．睡眠と覚醒の良好なリズムを保つには，午前中に十分な昼光を浴びて，夜間には多くの光を浴びないようにすることが重要である．

LED 照明の普及に伴って，青色 LED と黄色蛍光体を用いる白色 LED の分光分布特性から，目に対する青色光の影響，すなわち青色光網膜傷害と呼ばれる青色光の光化学的作用による網膜の損傷が懸念されている[9]．青色光網膜傷害については，各種光源のリスク評価がなされており，白熱電球，電球色の3波長形蛍光ランプおよび電球色の LED ランプ（青色 LED ＋黄色蛍光体）は，ほぼ同等のリスクがあり，自然光（6500K の昼光），昼光色の3波長形蛍光ランプおよび昼光色の LED ランプ（青色 LED ＋黄色蛍光体）は，電球色のものより若干高いが，ほぼ同等のリスクがあることが示されている．住宅，事務所，工場，店舗などの一般的な環境で，通常の使い方をする場合，白色 LED の影響は，従来の光源のものと変わらないと考えてよい．

#### 参 考 文 献

1) 福田淳，佐藤宏道: 脳と視覚－何をどう見るか，共立出版，2005
2) D.M. Berson: Strange Vision: Ganglion cells as circadian photoreceptors, Trends Neuroscience, 26(6), pp.314-320, 2003
3) A.D. Güler et al.: Melanopsin Cells Are the Principal Conduits for Rod-Cone Input to Non-Image-Forming Vision, Nature, 453(7191), pp. 102-105, 2008
4) T.M. Schmidt et al.: Intrinsically Photosensitive Retinal Ganglion Cells: Many subtypes, diverse functions, Trends Neuroscience, 34(11), pp. 572-580, 2011
5) R.J. Lucas et al.: Measuring and Using Light in the Melanopsin Age, Trends in Neurosciences,

37(1), pp. 1-9, 2014

6) K. Thapan et al.: An Action Spectrum for Melatonin Suppression: Evidence for a novel non-rod, non-cone photoreceptor system in humans, Journal of Physiology, 535(1), pp. 261-267, 2001

7) G.C. Brainard et al.: Action Spectrum for Melatonin Regulation in Humans: Evidence for a novel circadian photoreceptor, Journal of Neuroscience, 21(16), pp. 6405-6412, 2001

8) G.C. Brainard et al.: Sensitivity of the Human Circadian System to Short-Wavelength (420-nm) Light, Journal of Biological Rhythms, 23(5), pp. 379-386, 2008

9) 日本照明工業会，日本照明委員会，LED 照明推進協議会，照明学会：LED の生体安全性について〜ブルーライト（青色光）の正しい理解のために〜, 2014

## 5.8 空間の雰囲気演出

> 室の用途に適した雰囲気を演出するため，明視性を損なわないように配慮しつつ，空間内の照度や輝度分布，光色，視対象のモデリングなどに留意することが望ましい．

　照明環境は，生活者の明視性に影響を及ぼし，一方，その空間の視覚的な雰囲気も演出する．照明計画にあたっては，明視性の観点に加え，雰囲気の演出の観点からも，空間の利用目的に適うように，下記の照明環境要因に留意することが望ましい．なお，明視性を重視する空間では，雰囲気の演出が明視性を損なわないように配慮することも重要である．

　演出された雰囲気の印象を測る観点には，楽しさ，落ち着き，くつろぎ，緊張，覚醒，安らぎ，安心感，厳粛さ，非日常性などさまざまなものがある．空間の使用目的や設計上の意図で狙っている雰囲気に合わせて，関連する照明環境の要因を検討する必要がある．

　雰囲気の演出に関係がある照明環境の要因には，空間内の照度や輝度分布，光源の光色，演色性のほか，生活者の見えを含むモデリングも該当する．

　実際の空間の雰囲気の構築には，個々の照明環境要因と空間の形状および内装，ならびに什器レイアウトとの関係が大きな意味をもつ．ただ，要因の組合せ効果による面も無視できず，1つの要因の状態だけで空間の雰囲気が一意的に決まるものではない．

　一般的な傾向として，照明環境の要因と空間の雰囲気との関係は，表5.2のように整理できる．

表5.2　照明環境の要因と空間の雰囲気の関係

| 照明環境の要因 | 空間の雰囲気 |
|---|---|
| 照度 | 高照度は覚醒・緊張・団らん ／ 低照度はリラックス・くつろぎ　など |
| 輝度分布 | 均一な輝度分布は日常的・安心感 ／ 不均一な輝度分布は非日常的・集中・落ち着き　など |
| 光色 | 高色温度は覚醒・緊張 ／ 低色温度はリラックス・くつろぎ　など |
| モデリング | 指向性の強いモデリングは非日常・緊張・厳粛 ／ 指向性のないモデリングは倦怠・日常的　など |

# 6. 照明環境の設計規準

## 6.1 概　　　論
### 6.1.1 規準の意味

> 6章に示した照明環境の設計規準（以下，6章内に限り，本設計規準という）における照明環境指標の値は推奨規準であり，照明を使用する期間中，維持すべきでものである．なお，推奨規準は，最低規準とは異なり，現時点の生活水準および社会的情勢より妥当であると考えられる推奨値またはその代表値を示したものである．

　推奨規準とは，最低規準ではなく，現時点の生活水準や社会的情勢より妥当であると考えられる推奨値またはその代表値を示したものである．よって，ある照明環境指標の推奨規準については，必ずしも遵守すべきものではないものの，その実現に向けて努力を希望するものである．

　推奨規準については，設計者および使用者が維持する必要がある．設計者においては，照明器具や光源の特性，使用期間などを勘案して設計目標値を決定し，使用者に対して保守の方法を十分に説明する必要がある．一方，使用者においては，照明状態の維持のために，最大限の努力で適切な保守を日常的に行う必要がある．

　なお，規準の構築において，既存の基準類[1)-4)]を参考にした．

### 6.1.2　作業，活動または用途

> 本設計規準で規定する作業，活動または用途の大分類は，
> 　居住，教育・学習，事務，小売・外食・サービスおよび製造・加工
> の5分類とし，各大分類に対応する代表的な建築物の種類は，それぞれ，住宅・共同住宅，学校，事務所，商業施設および工場となる．

　本設計規準は作業，活動または用途別に規定する．各大分類に対して，細分化された作業，活動または用途の内容は，以下のように例示される．

　　居住　　　　：就寝，住宅での食事，同用便，同入浴，同調理および家事など
　　教育・学習：授業，体育，実習，実験，研究および図書閲覧など
　　事務　　　　：事務，設計，会議，VDT作業および応接など
　　小売・外食・サービス：商談，受付，会計，飲食および小売店基礎など
　　製造・加工：加工，組立，検査，試験，選別，包装および荷造など

　なお，出入，水平歩行，昇降歩行，避難，エレベーター昇降など共通する作業，活動または用途を，すべての大分類に含めている．

　また，居住に対応する建築物の種類は，主として住宅および共同住宅に，教育・学習に対応する建築物の種類は，主として学校に，事務に対応する建築物の種類は，主として事務所に，小売・外食・サービスに対応する建築物の種類は，主として商業施設に，製造・加工に対応する建築物の種類は，主として工場になる．

### 6.1.3　昼光の取扱い

> 照明光の中に昼光が含まれる場合の取扱いとしては，開口部を人工光源に相当するものとし，人工照明と併用（人工照明を使用しない場合も含む）しているものとして，昼光についても本設計規準を適用するものとする．

　照明の中に昼光が含まれる場合の取扱いは，開口部を人工光源に相当するものとし，人工照明との併用の形で，本設計規準を適用するものとする．人工照明を使用せず，昼光照明のみの場合も同様とする．よって，昼光の利用により，人工照明の寄与の割合を下げることが可能になる．

　ただし，昼光は，季節・時刻や天候条件の違いによって影響を受けるため，照明環境条件の変動を嫌う作業や活動に関しては不利となる可能性が高い．よって，とくにターゲット照明〔1.3節を参照〕においては，作業，活動および対象の条件を勘案し，必要に応じて，窓装置，窓装備などの使用によって，開口部からの光の状態を安定させ，その状態の下での本設計規準の適用を検討することが必要である．また，夜間には昼光を望めないことから，本設計規準におけるアンビエント面（壁面および天井面）の平均輝度およびターゲット面の照度の適用に関しては，人工照明のみで規準を満足させる必要があり，とくに，ターゲット照明におけるターゲット面の照度の確保については，留意が必要である．よって，調光制御を導入しない場合には，昼光の寄与はないものとして本設計規準の適用を検討することになる．

　昼光が含まれる場合の不快グレアについては，現時点では照明環境指標が確定していないため，定量的評価は行わず，防止対策を講じることを求めるものとする．すなわち，開口部や直射日光による反射など，局所的に輝度が高くなる部位が発生する場合には，窓装置，窓装備などの使用によって，不快グレアを抑制するものとする．

　昼光の導入によって省エネルギーが図られる場合には，本設計規準が満たされる範囲内で，人工照明を消灯または減灯することが望ましい．

### 6.1.4　反射率および反射特性の位置づけ

> 反射率および反射特性は，輝度と強い関係があるため，照明環境設計における設計対象の主要件と考えるべきである．

　対象となる面の反射率および反射特性については，本設計規準では直接的に表示していない．ただし，均等拡散面を仮定すると，その面の輝度とその面への照度および反射率は比例関係になる〔式(5.1)を参照〕ことに示されているように，輝度と反射率は表裏一体である．また，輝度と反射特性との関係は，一般に複雑になるものの，強いものである．よって，本設計規準に輝度の規準を第一義的に盛り込んだことにより，反射率および反射特性も，照明環境設計における設計対象の主要件に位置づけられたと考えるべきである．

　適切な照明環境の創出においては，各面の反射性状の反射率および反射特性を把握し適切に配置することは，きわめて重要である．照明環境設計プロセスにおいて，内装条件の

決定はきわめて重要な意味をもつ．照明シミュレーションなどで適切な状態が得られない場合には，各面の反射率および反射特性の見直しなども必要になる．このように，反射率および反射特性について，照明環境設計のプロセスの中で，室の内装条件として十分な検討を行い決定すべき対象と考えるべきである．よって，本規準で想定している照明環境設計は，反射率を所与の条件と位置づけて必要照度を与えるための照明器具や光源を決定して終了とする形の照明設計とは，反射率および反射特性の位置づけという観点で決定的に異なる．

また，対象面の色彩も反射率と一定の関係があるので，照明環境設計では重要な要件となる．反射率は，マンセル表色系の明度（以下，バリューという）と関係づけられており，反射率を $Y[\%]$，バリューを $V$ とすると，実験式として，

$$Y = 1.2219\,V - 0.23111\,V^2 + 0.23951\,V^3 - 0.021009\,V^4 + 0.0008404\,V^5 \tag{6.1}$$

また，$2<V<8$ の範囲で，近似的に，

$$Y \fallingdotseq V(V-1) \tag{6.2}$$

実用上はこの式で対応できる場合が多い．

特定の点の輝度や単純な平均輝度については，均等拡散面を仮定した場合には，逐点的な計算〔参考6.2.1(6)を参照〕でも可能だが，輝度分布の把握や評価のためには，労力的に事実上困難となり，通常，照明シミュレーションが必要となる．また，鏡面，指向性のある面，光沢のある面，凹凸のある面などの拡散反射を仮定できない面を，壁面，天井面などの対象面として使用する場合，精度の高い輝度情報の取得には照明シミュレーションの導入は不可避で，さらに一定程度の仮定条件，モデル化などを加えることが必要となる．

### 6.1.5 規準の運用

> 本照明環境規準の運用に関して，高度の照明環境設計行為に対しては，必要に応じて，本設計規準の部分的な適用除外を認めるものとする．高度の照明環境設計行為の要件としては，設計対象となる空間における輝度分布および照明エネルギーの予測，ならびにそれらの評価が適正に行われていることとする．

本書で示される照明環境規準の運用に関して，後述する高度の照明環境設計行為に対しては，必要に応じて，本章に示す照明環境の設計規準の部分的な適用除外を認めるものとする．すなわち，高度の照明環境設計行為が行われた場合には，その結果に対する責任を負うということを前提とし，本章に示す推奨規準に則らない照明環境設計を認めるというものである．

高度の照明環境設計行為とは，実現される照明環境の的確な評価を行うために，照明シミュレーションなどの手法を用い，設計対象となる空間における輝度分布および照明エネルギーの予測，ならびにそれらの評価を行ったもので，設計の結果に対して十分な責任を負うことのできる設計行為とする．

**【参考 6.1.1】 高度の照明設計行為の設計プロセスの例**

高度の照明環境設計行為による設計プロセスの例を以下に示す．

1) 設計条件の把握

① 空間用途の把握…照明対象の空間の用途や使用目的を把握し，使用者の属性とともに視作業の内容や生活行為を明らかにする．

② 内装条件の決定…開口部の位置や大きさ，主要部位の色彩や反射率，ならびにインテリアエレメントの形，色および配置など，照明に関わる対象空間の内装条件を決定する．

2) 設計方針の検討

③ コンセプトの策定および照明手法の選定…対象空間の用途や使用目的およびそこで行われる作業や活動の内容を踏まえ，照明の目標を明確にし，照明要件を検討する．どのような照明環境を実現させるのか，照明のコンセプトを策定し，照明のコンセプトに最も適した照明手法を選定する．

④ 照明要件の設計目標値の決定…空間の用途や使用目的および作業や活動の内容などに従って，主たる照明要件の設計目標を決定する．ただし，必要に応じて，本設計規準を参考にすることを推奨する．

3) 設計内容の検討

⑤ 光源や照明器具の選定およびその数や配置の決定…照明のコンセプトに適した光源や器具を選定し，設計目標を確保するために照明器具の数や設置位置を決定する．そのとき，照明シミュレーションなどの手法を使用し，設計対象となる空間における輝度分布や照明エネルギーの予測およびそれらの評価を適正に行い，照度などその他の照明環境の要件についても十分な検討を行う．

⑥ 制御およびスイッチの決定…各種制御方法およびスイッチ位置を決定する．

4) 最終確認

⑦ 照明要件の確認…以上の手続きで決定した照明環境設計案について，再度さまざまな面から検討し，問題がないことを確認する．


## 6.2 規準となる照明環境指標
### 6.2.1 規定する照明環境の要件

> 本設計規準で規定する照明環境の要件は，輝度，照度，不快グレアおよび演色性とする．また，空間の用途が異なる場合でも，同一の作業や活動に対しては，原則として，各照明要件に対応する照明環境指標の推奨値を揃える．

照明環境の設計において，空間の用途や生活活動の状況に応じて求められる照明の量と質を満足することが求められる．照明環境を決定するさまざまな要因の中で，その中でも輝度，照度，不快グレアおよび演色性を本設計規準での作業，活動または用途別の照明要件として設定した．

輝度は，アンビエント照明〔1.3節を参照〕における重要な測光量であり，空間の明るさ〔5.1節を参照〕などを規定する指標である．代表的な視野範囲内におけるターゲット面を除いた壁面と天井面の平均輝度を本設計規準として設定した．

不快グレア〔5.3節を参照〕は，ある水準を超えた場合に，視認性や視作業性に悪影響を与えることから，視対象面を含む代表的な視野範囲における不快グレアを本設計規準として設定した．

照度は，ターゲット照明〔1.3節を参照〕における重要な測光量であり，視認性や視作業性〔5.2節を参照〕を規定する指標である．ターゲット面に対して使用する照明の量，すなわちターゲット面の照度を本設計規準として設定した．

演色性〔5.5節を参照〕は，視対象の色の見え方に影響を与え，視作業の内容によっては，視認性や視作業性に影響があることから，当該室または空間を照明する主要な照明器具の光源の演色性を本設計規準として設定した．

なお，光色〔5.4節を参照〕，光の指向性〔5.6節を参照〕，健康〔5.7節を参照〕，雰囲気演出〔5.8節を参照〕などの要件については，個々の事情により適否が異なる場合が多いため，本設計規準では設定していないが，照明計画や照明設計のときに，本設計規準におけるそれぞれの記述内容を参照すべきである．

また，空間の用途が異なる場合でも，同一の作業や活動に対しては，原則として各照明要件に対応する照明環境指標の推奨値を揃えているが，これは，作業や活動の条件が同じ場合，照明条件を同じにするのは常識的であり，妥当性が高いと判断したためである．なお，個々の作業や活動の内容自体が同じでも，例えば勉強という個人による作業や活動と授業という複数人の同時の作業や活動のように，作業や活動時の空間使用条件などが異なる場合には，同一の作業や活動とはみなさないこととする．

### 6.2.2 照明環境指標としての輝度および照度の表示段階

本設計規準で使用する輝度および照度の表示段階は，
$1.0 \times 10^n, 1.5 \times 10^n, 2.0 \times 10^n, 3.0 \times 10^n, 5.0 \times 10^n, 7.5 \times 10^n$　　n：非負整数
の数列とする．

刺激量（物理量）が等比的に増すとき，感覚量が等差的に増すことを示した経験的法則をウェーバー・フェヒナーの法則（Weber-Fechner's law）といい，感覚量との関係では多くの物理量がその傾向を示すことが知られている．照明環境の分野でもその妥当性が認められており，照度の尺度表示においては，照度の対数値を用いることは行っていないものの，目盛については，照度を対数的に取り扱うことが一般的になっている．

本設計規準でもそれにならい，輝度および照度の表示段階は，差異を知覚できる比として想定されているほぼ1.5の値をもって設定する．具体的には，1, 1.5, 2, 3, 5, 7.5, 10, 15, 20, 30, 50, 75, 100, 150, 200, 300, 500, 750, 1 000, 1 500, 2 000, 3 000, 5 000, 7 500, 10 000, 15 000, 20 000・・・となる．なお，測定の精度，実用上の意味などを勘案し，最小値を1と設定した．

数値的な表示を行っているが，この表示段階を間隔尺度として扱うということである．表示段階で10から20の変化は2段階の変化であり，その感覚量の変化が等価となるのは，表示段階500からであれば1 000に変化した場合（同じく2段階の変化）に相当する．

表示段階間の数値は，差異を明確には知覚できないということになるので，例えば表示段階500から750の範囲であれば，600と700の差を議論することは，感覚量の観点からはあまり意味がないことを示している．

### 6.2.3 輝度に関する規準

> 輝度に関する照明環境指標として，当該室または空間における代表的な視野範囲において，ターゲット面を除いた壁面および天井面の平均輝度を本設計規準として設定する．反射率を条件とはせず，平均輝度の推奨値の代表値として最小値を定める．なお，床面の平均輝度については，本設計規準では設定しない．

輝度は，アンビエント照明〔1.3節を参照〕における重要な測光量であり，輝度の評価は，視作業面を含む当該室または空間の代表的な視野範囲において，ターゲット面を除いた壁面および天井面における平均輝度で行う．壁面および天井面は，代表的な視野範囲において，ターゲット面が特定される場合には，アンビエント面を構成することになる．

壁面および天井面の取扱いについては，柱，柱型，梁，梁型，袖壁，垂れ壁，折上げ，枠などの固定の凹凸部位の鉛直面は壁面と，同下面の水平面は天井面とみなし，家具，什器，パーティションなど可動の部位は，壁面または天井面とはみなさないものとする．

また，平均輝度の測定や算定においては，開口部，人工照明などの発光部位や強い反射光がある部位を除くものとする．

均等拡散面の場合，面上のある点の輝度は，その点の照度と面の反射率との積に比例〔式(5.1)を参照〕する．このように，輝度はターゲット面の反射率に影響を受ける．ただ，本設計規準においては，反射率を条件とはせず，平均輝度の推奨値の代表値として最小値を定める．これは，本設計規準のあり方として，単純さや明快さを重要視したためである．本設計規準の場合，一般的な使用状況を想定し，壁面については反射率0.3程度以上，天井面については反射率0.6程度以上の場合を前提として，平均輝度の値を設定した．平均輝度を採用した理由は，代表的な視野範囲の輝度が均一とはみなすことができず，特定の点で代表させることが難しい場合が多いと思われるためである．

なお，本設計規準では，平均輝度の推奨値の代表値としての最大値を設定していないが，面の性状などによる部分的な高輝度に対しては，不快グレアの規準〔6.2.4項を参照〕により高輝度を防止することになる．

反射率を高くすると，光束が少なくても輝度の規準を満足することができる．そのため，過度に光束を減少させる設計行為が起こる可能性があるが，アンビエント照明とターゲット照明が兼用で視作業性，視認性などへの悪影響のおそれがある場合には，照度の規準〔6.2.5項を参照〕により，過度の光束の減少を防止することになる．

一方，意匠上の理由などから，壁面の反射率を 0.3 程度以下に，天井面の反射率 0.6 程度以下に低くしたい場合には，光源の消費電力を大きくすることなく，これらの面の輝度を上げるような配光を有する照明方式や照明器具を採用すること，または高度の照明環境設計行為〔6.1.5 項を参照〕を行うこととする．

　床面は視野に占める割合が小さくなる場合が多く，また一般に床面の反射率は低く設定されるため，空間の明るさを確保するという観点から，床面の平均輝度の寄与は少ない．よって，床面の平均輝度については，本設計規準では設定しない．

　なお，スポット輝度計による測定方法については，JIS C 7614 照明の場における輝度測定方法[5]に準ずるものとする．

## 【参考 6.2.1】輝度の算出および測定

(1) 輝度測定

　輝度測定に従来から用いられているレンズ式のスポット輝度計は，レンズ光学系により測定対象面の微小部分を受光部に結像させ，入射光束の立体角を絞りにより調節し測光する計器である．精度は高いものの，逐点的な測定をすることになるので，輝度分布など多点の測定を行う場合には，多くの労力が必要になる．

　輝度分布などの処理のためにいくつかの写真測光法が開発され，現在はそれらの技術を展開した輝度測定システム（以下，2 次元輝度計という）が開発されている．CCD カメラなどにより視野を想定した写真撮影（画像の取得）を行い，各画素の明るさ情報である階調値を画像処理ソフトウェアを介することで輝度に変換するシステムで，通常，広角または超広角のレンズを使用しているため画角を広く確保することができ，輝度分布などの 2 次元データを扱うのに適している．

(2) 輝度シミュレーション

　輝度シミュレーションについては，3 次元 CG を組み込んだシミュレーションソフトウェアが開発されている．部位の形状，寸法など建築情報の入力または CAD データの取込みにより照明対象となる空間のモデリングおよび各部位の色，反射率，光沢などの材質情報の設定を行い，光源および器具の配灯に基づく位置，光束，光色，配光特性などの照明情報を基に，光源からの光線を追跡するなどの計算処理をすることで，3 次元空間における輝度分布，照度分布などを解析するものである．このような照明環境の可視化のほか，照明による明るさ，材質感などレンダリングされたパースなどのプレゼンテーションも可能となるので，照明設計支援としては強力なツールとなる．なお，この輝度シミュレーションと，前述の 2 次元輝度計による輝度分布の測定とは，技術的展開や普及の側面で相互関係があると考えられる．

(3) 各点の輝度および平均輝度を算出または測定する位置

各点の輝度および平均輝度を算出または測定する位置としては，当該室または空間での作業，活動または用途などを勘案したうえでの主たる作業者の作業時，または使用者の使用時の視点の位置とみなすことが考えられる．また，代表的な視野範囲とは，この視点の位置または別の条件による視点の位置から，主たる視線方向を中心とした視野の範囲とすることが考えられる．ただし，主たる視線方向については，特定の作業または活動の視線方向よりは，例えば水平方向など自然な視線方向としたほうが妥当な場合がある．

2次元輝度計を用いた場合，代表的な視野範囲については，任意の視野範囲を切り出すことも可能だが，現時点では設定されている画角に基づいて差しつかえない．次に，その代表的な視野範囲から，あらためて壁面および天井面を切り出して，平均輝度を求めることになる．

(4) 平均輝度の算出または測定のためのデータ

2次元輝度計を用いない輝度測定や輝度シミュレーションを用いず，個々の点の輝度値を逐点的に求め，平均輝度の算出または測定を行う場合，代表的な視野範囲の中で，できるだけ均等に抽出した20点以上の輝度データから求めることが望ましい．サンプリングの点を20点以上としたのは，個々の点の平均的寄与率を5%以下にするという理由に基づくものである．算出において，加重平均すなわち各点への重みづけは不要である．

(5) 平均の取扱い

とくに表記をしていないので，本規準での平均輝度は算術平均を想定している．ただし，幾何平均より指標として優位であるという理由ではなく，本設計規準が推奨値の代表値として最小値を表示しており，算術平均のほうが幾何平均よりも値としては大きくなるため，規準の達成に関しては緩和されるという理由による．

(6) 輝度シミュレーションを行わない場合の平均輝度の計算法

輝度シミュレーションを行わない場合の壁面輝度および天井面輝度の予測計算法については，以下の手順が考えられる．

① 対象壁面または天井面のある点Pの輝度については，照明器具の配光曲線から光源Sから点P方向の光度$I_\theta$を求め，逆二乗則によって，点Pの直接照度$E_d$を算出する．なお，上向光束がない照明器具を使用した場合，天井面の直接照度は0 lxとなる．

② 間接照度計算の簡便法の1つである室内面平均値式[6]により，点Pの間接照度$E_r$を算出する．この場合，間接照度は当該室内で一定であると仮定されていることになる．なお，もう1つの簡便法である視作業面切断式を使用したほうが精度は向上し，壁面の場合には切断面は壁面近傍の壁面との平行面（通常は鉛直面）となる．間接照度の詳細な計算は，労力を要する．

③ 直接照度 $E_d$ と間接照度 $E_r$ の和により，点 P の全照度 $E$ を算出する．なお，任意の位置での鉛直面照度は，この段階までの方法で算出できる．

④ 点 P を含む壁面または天井面が均等拡散面との仮定の下，全照度 $E$ に反射率 $\rho$ を掛け円周率 $\pi$ で割ることにより，点 P の輝度を算出する．

⑤ 光源が複数ある場合には，同様な手段で各光源による全照度を算出し，その和の全光源による全照度から点 P の輝度を算出する．

⑥ 代表的視野範囲で必要な点ごとにこれらの作業を行うことで，平均輝度を算出する．

壁面について，上記の①～④の手続きに関する数式による説明を以下に示す〔図 6.1 参照〕．

光源 S から対象壁面への垂線を下ろし，その交点を O とする．光源 S から点 O までの距離を $d$ とする．対象壁面上の O を原点とし壁面上の水平軸および鉛直軸からなる直交座標系［単位：m］における点 P の座標を $(p, q)$ とする．

光源 S から点 P 方向の鉛直角を $\theta$ とすると，

$$\theta = \cos^{-1} \frac{q}{\sqrt{p^2 + q^2 + d^2}} \qquad (6.3)$$

$\theta$ 方向の光度 $I_\theta$ [cd] を照明器具の配光曲線から求めると，点 P における直接照度 $E_d$ [lx] は，

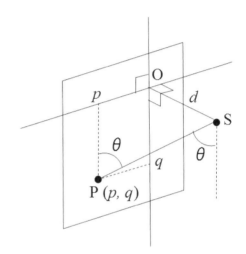

図 6.1 光源 S と点 P の関係

$$E_d = \frac{I_\theta}{p^2 + q^2 + d^2} \cdot \frac{d}{\sqrt{p^2 + q^2 + d^2}} \qquad (6.4)$$

点 P における間接照度 $E_r$ [lx] は，室内に始めに入射する光束を $\phi$ [lm]，室内の全表面積を $S$ [m$^2$]，室内の平均反射率を $\rho_m$ とすると，

$$E_r = \frac{\rho_m \Phi}{S(1 - \rho_m)} \qquad (6.5)$$

点 P における全照度 $E$ [lx] は，

$$E = E_d + E_r \qquad (6.6)$$

点Pを含む壁面（天井面）を均等拡散面と仮定し，点Pにおける壁面の反射率を$\rho$，円周率を$\pi$とすると，点Pにおける壁面輝度$L_w$ [cd/m$^2$] は，

$$L_w = \frac{\rho E}{\pi} \tag{6.7}$$

### 6.2.4　不快グレアに関する規準

> 不快グレアに関する照明環境指標として，アンビエント面およびターゲット面を含む代表的な視野範囲における屋内統一グレア評価方法によるUGRを本設計規準として設定する．

不快グレアの評価は，当該室におけるアンビエント面およびターゲット面を含む代表的な視野範囲において行い，屋内統一グレア評価方法によるUGR〔5.3.2項を参照〕を規準とする．

なお，開口部における昼光の不快グレアについては，現時点では評価指標が確定していないため，定量的評価は行わず，防止対策を講じることを求めるものとする．よって，昼光の導入の仕方によって，窓面や直射日光による反射など，局所的に輝度が高くなる部位が発生する場合，窓装置，窓装備などの使用によって，不快グレアの防止対策を講じなければならない．また，必要に応じて5.3節を参考とする．

UGR〔5.3.2項を参照〕は，CIEの屋内統一グレア評価方法に基づく．UGRによる段階とグレアの程度との関係は，以下のとおりである．

表6.1　UGR段階とグレアの程度

| UGR段階 | グレアの程度 |
|---|---|
| 28 | ひどすぎると感じ始める |
| 25 | 不快である |
| 22 | 不快であると感じ始める |
| 19 | 気になる |
| 16 | 気になると感じ始める |
| 13 | 感じられる |
| 10 | 感じ始める |

### 6.2.5　照度に関する規準

> 照度に関する照明環境指標として，当該室または空間の代表的なターゲット面の代表点における照度を本設計規準として設定する．代表的なターゲット面については，その部位の表示を行う．なお，照度分布については，当該室の代表的なターゲット面において視作業上有効な範囲における照度均斉度で評価し，必要に応じて備考で記載するものとする．

照度は，ターゲット照明〔1.3節を参照〕における重要な測光量であり，照度の評価はタ

ーゲット照明に適用され，当該室または空間の代表的なターゲット面の代表点における照度で評価する．なお，代表的なターゲット面で照度が均一でない場合には，平均照度を用いてもよい．照度測定方法は，JIS C 7612　照度測定方法[7]に準ずるものとする．

　ターゲット面については，当該室または空間における部位の表示を行う．ターゲット面がそれぞれ机などの面の場合は机上面，卓などの面の場合は卓上面，作業台などの面の場合は台上面，床面の場合は床面，地面の場合は地面と表し，対応する照度の値は水平面照度とする．また，ターゲット面が使用者の顔の場合は顔面，ターゲットの鉛直面の場合は鉛直面と表し，対応する照度の値は鉛直面照度とする．ターゲット面が作業盤などの面の場合は盤面と表し，対応する照度の値は盤面の法線方向の照度とする．なお，対象となるターゲット面に特別な仕様が施されている場合には，その仕様の状態によるものとする．

　また，照度分布については，視作業性に影響を及ぼすため，当該室の代表的なターゲット面において視作業上有効な範囲における照度均斉度で行い，必要に応じて備考で記載するものとする．照度均斉度は，視作業上有効な範囲における最低照度を平均照度で除した値とする．雰囲気を重視する空間や演出を主体とするターゲット面を除き，照度の変化はゆるやかなものでなければならない．

### 6.2.6　演色性に関する規準

> 　演色性に関する照明環境指標として，当該室または空間で使用するターゲット照明の光源の平均演色評価数を本設計規準として設定する．

　演色性の評価は，当該室・空間で使用するターゲット照明の光源の平均演色評価数〔5.5.1項を参照〕をもって行う．複数の照明器具を使用している場合には，すべてが規準値を満たすものとする．

## 6.3　照明環境の設計規準

> 　本設計規準について，作業，活動または用途，対応する室または空間の例，壁面平均輝度，天井面平均輝度，UGR，ターゲット面，ターゲット面の照度，平均演色評価数および備考から構成し，作業，活動または用途の大分類ごとに表形式で示す．

　本設計規準は，作業，活動または用途（以下，作業等という），対応する室または空間の例（以下，室等という），壁面平均輝度，天井面平均輝度〔6.2.3項を参照〕，UGR〔6.2.4項を参照〕，ターゲット面，ターゲット面の照度〔6.2.5項を参照〕，平均演色評価数〔6.2.6項を参照〕および備考から構成する．そして，作業等の大分類ごとに示すものとする．

　ターゲット面の照度均斉度については，必要に応じて備考の中で示す．

　対応する室等の例については，当該の作業等に対応する室等の一般的名称を示す．なお，設計対象となる室等で，それに対応する作業等とは異なる作業等での使用が予想される場合には，該当する作業等の項目を参照することとする．

備考では，追記すべきターゲット面の照度，ターゲット面の照度均斉度，条件などのほか，ある作業等に対応する室等において，個別の作業等が想定される場合には，それらの作業等に対するターゲット照度などの規準値を併記するものとする．この場合のターゲット面は，括弧内に付記するものとする．

　表 6.2 に作業等が居住の場合の照明環境の設計規準を示す．

　表 6.3 に作業等が教育・学習の場合の照明環境の設計規準を示す．

　表 6.4 に作業等が事務の場合の照明環境の設計規準を示す．

　表 6.5 に作業等が小売・外食・サービスの場合の照明環境の設計規準を示す．

　表 6.6 に作業等が製造・加工の場合の照明環境の設計規準を示す．

　なお，表 6.2〜6.6 において，列を構成している各設計規準について，

　①壁面平均輝度　　：$L_{wm}\,[\mathrm{cd/m^2}]$

　②天井面平均輝度：$L_{cm}\,[\mathrm{cd/m^2}]$

　③屋内統一グレア評価方法による UGR：$UGR$

　④ターゲット面の照度：$E_t\,[\mathrm{lx}]$

　⑤平均演色評価数：$R_a$

の記号で表している．また，

　⑥ターゲット面の照度均斉度：$U_t$

として備考内で表示している．


### 参 考 文 献

1) 日本工業規格　JIS Z 9110: 2010 照明基準総則
2) 日本工業規格　JIS Z 9125: 2007 屋内作業場の照明基準
3) 照明学会技術指針　JIEG-008 (2002) オフィス照明設計技術指針
4) 照明学会技術指針　JIEG-009 (2007) 住宅照明設計技術指針
5) 日本工業規格　JIS C 7614: 1993 照明の場における輝度測定方法
6) 平手小太郎：建築光環境・視環境, 数理工学社, 2011
7) 日本工業規格　JIS C 7612: 1985 照度測定方法

表 6.2 照明環境の設計規準－居住

| 作業,活動または用途 | 対応する室または空間の例 | $L_{wm}$ | $L_{cm}$ | UGR | ターゲット面 | $E_t$ | $R_a$ | 備考 |
|---|---|---|---|---|---|---|---|---|
| 事務 | 共同住宅管理事務所 | 20 | 15 | 19 | 机上面 | 500 | 80 | キーボード面：$E_t$ 500 lx／$U_t$ 0.7<br>ディスプレイ面は低照度が望ましい. |
| 会議,集会 | 共同住宅集会室 | 15 | 10 | 19 | 机上面 | 300 | 80 | 顔面：$E_t$ 150 lx<br>調光を可能にすることが望ましい. |
| 受付 | 共同住宅受付 | 15 | 10 | 22 | 机上面 | 300 | 80 | 顔面：$E_t$ 200 lx |
| 導入,滞留 | 共同住宅ロビー | 10 | 7.5 | 22 | 床面 | 200 | 80 | |
| 共同住宅でのエレベーター待機 | 共同住宅エレベーターホール | 10 | 7.5 | － | 床面 | 200 | 80 | |
| エレベーター昇降 | 共同住宅エレベーターかご | 10 | 7.5 | － | 床面 | 200 | 60 | |
| 昇降歩行 | 共同住宅共用階段 | 7.5 | 5 | 22 | 床面 | 150 | 40 | 階段への導入時の代表的な視野範囲における輝度の急激な変化を避ける. |
| 共同住宅での洗濯 | 共同住宅洗濯場 | 7.5 | 5 | － | 台上面 | 150 | 60 | |
| 個人空間での生活 | 書斎,子供室 | 5 | 3 | － | 床面 | 100 | 80 | 勉強・読書(机上面)：$E_t$ 750 lx／$U_t$ 0.7<br>PC作業(キーボード面)：$E_t$ 500 lx<br>遊び・ゲーム(机上面)：$E_t$ 200 lx |
| 住宅での応接 | 応接間,座敷 | 5 | 3 | － | 床面 | 100 | 80 | 調光を可能にすることが望ましい.<br>テーブル・座卓(卓上面)：$E_t$ 200 lx<br>床の間・飾り棚(鉛直面)：$E_t$ 150 lx |
| 住宅での調理 | 台所 | 5 | 3 | － | 床面 | 100 | 80 | 調理台(台上面)：$E_t$ 300 lx／$U_t$ 0.7<br>流し台(台上面)：$E_t$ 300 lx |
| 家事 | 家事室,作業室 | 5 | 3 | － | 床面 | 100 | 80 | 手芸・裁縫台(台上面)：$E_t$ 1000 lx／$U_t$ 0.7<br>工作台(台上面)：$E_t$ 500 lx／$U_t$ 0.7<br>PC作業(キーボード面)：$E_t$ 500 lx<br>洗濯台(台上面)：$E_t$ 200 lx |
| 住宅での洗面,同化粧,同脱衣 | 洗面所,脱衣室 | 5 | 3 | － | 床面 | 100 | 80 | ひげそり・化粧(顔面)：$E_t$ 300 lx<br>洗面台(台上面)：$E_t$ 300 lx |
| 住宅での入浴 | 浴室 | 5 | 3 | － | 床面 | 100 | 80 | |
| 住宅での出入 | 住戸玄関(内側) | 5 | 3 | － | 床面 | 100 | 80 | 姿見(顔面)：$E_t$ 300 lx<br>靴脱ぎ(床面)：$E_t$ 200 lx<br>飾り棚(鉛直面)：$E_t$ 150 lx |
| 出入 | 共同住宅玄関,出入口 | 5 | 3 | － | 床面 | 100 | 60 | |
| 水平歩行 | 共同住宅共用廊下 | 5 | 3 | － | 床面 | 100 | 40 | |
| 住宅での昇降歩行 | 階段 | 3 | 2 | 22 | 床面 | 75 | 80 | 深夜：$E_t$ 2 lx(床面) |
| 住宅での用便 | 便所 | 3 | 2 | － | 床面 | 75 | 80 | |
| 家族空間での生活 | 居間 | 2 | 1.5 | － | 床面 | 50 | 80 | 調光を可能にすることが望ましい.<br>手芸・裁縫(卓上面)：$E_t$ 1000 lx／$U_t$ 0.7<br>軽読書(卓上面)：$E_t$ 500 lx／$U_t$ 0.7<br>団らん・娯楽(卓上面)：$E_t$ 200 lx |
| 住宅での食事 | 食堂 | 2 | 1.5 | － | 床面 | 50 | 80 | 食卓(卓上面)：$E_t$ 300 lx |
| 住宅での水平歩行 | 廊下 | 2 | 1.5 | － | 床面 | 50 | 80 | 深夜(床面)：$E_t$ 2 lx |
| 駐車,駐輪 | 車庫,ピロティ | 2 | 1.5 | － | 床面 | 50 | 40 | |
| 住宅での収蔵 | 共同住宅物置 | 2 | 1.5 | － | 床面 | 50 | 40 | |
| 避難 | 共同住宅非常階段 | 2 | 1.5 | － | 床面 | 50 | 40 | |
| 収納 | 納戸 | 1.5 | 1 | － | 床面 | 30 | 40 | |
| 就寝 | 寝室 | 1 | － | － | 床面 | 20 | 80 | 調光を可能にすることが望ましい.<br>軽読書(卓上面)：$E_t$ 500 lx<br>化粧・着替(顔面)：$E_t$ 300 lx<br>深夜(床面)：$E_t$ 2 lx |
| 庭の視認 | 住戸庭,テラス | － | － | － | 床面 | 30 | － | ガーデンパーティ・ダイニング(地面)：$E_t$ 100 lx<br>深夜防犯(地面)：$E_t$ 2 lx |
| 屋外視認・移動 | 門,住戸玄関(外側),屋外通路 | － | － | － | 床面 | 5 | － | 表札・門標・郵便受け・押しボタン・鍵穴(鉛直面)：$E_t$ 30 lx<br>深夜防犯(地面)：$E_t$ 2 lx |
| 防犯,移動 | 共同住宅構内広場 | － | － | － | 床面 | 3 | 40 | |

凡例(記号)　$L_{wm}$：壁面平均輝度：$(cd/m^2)$, $L_{cm}$：天井面平均輝度$(cd/m^2)$, UGR：屋内統一グレア評価方法によるUGR, $E_t$：ターゲット面の照度(lx), $R_a$：平均演色評価数, $U_t$：ターゲット面の照度均斉度

表 6.3 照明環境の設計規準－教育・学習

| 作業,活動または用途 | 対応する室または空間の例 | $L_{wm}$ | $L_{cm}$ | UGR | ターゲット面 | $E_t$ | $R_a$ | 備考 |
|---|---|---|---|---|---|---|---|---|
| 設計,製図 | 製図室 | 30 | 20 | 16 | 机上面 | 750 | 80 | 精密製図:$E_t$ 750 lx / $U_t$ 0.7 |
| 診察,保健 | 保健室 | 20 | 15 | 16 | 机上面 | 500 | 90 | 顔面:$E_t$ 300 lx / 相関色温度4000 K以上 |
| 授業 | 一般教室 | 20 | 15 | 19 | 机上面 | 500 | 80 | 板書(鉛直面):$E_t$ 500 lx / $U_t$ 0.7 / 鏡面反射を防ぐ.<br>調光を可能にする. |
| 実習 | 実習室 | 20 | 15 | 19 | 机上面 | 500 | 80 | 板書(鉛直面):$E_t$ 500 lx / $U_t$ 0.7 / 鏡面反射を防ぐ.<br>精密工作(机上面):$E_t$ 1000 lx / $U_t$ 0.7 / UGR 16<br>美術工作(机上面):$E_t$ 500 lx / $U_t$ 0.7 |
| 実験 | 実験室 | 20 | 15 | 19 | 机上面 | 500 | 80 | 精密実験(机上面):$E_t$ 1000 lx / $U_t$ 0.7 |
| 事務,教務 | 教職員室 | 20 | 15 | 19 | 机上面 | 500 | 80 | キーボード面:$E_t$ 500 lx / $U_t$ 0.7<br>ディスプレイ面は低照度が望ましい. |
| 研究 | 研究室 | 20 | 15 | 19 | 机上面 | 500 | 80 | |
| VDT作業,計算 | 計算機室 | 20 | 15 | 19 | 机上面 | 500 | 80 | キーボード面:$E_t$ 500 lx / $U_t$ 0.7<br>ディスプレイ面は低照度が望ましい. |
| 図書閲覧 | 図書閲覧室 | 20 | 15 | 19 | 机上面 | 500 | 80 | $U_t$ 0.7 |
| 放送 | 放送室 | 20 | 15 | 19 | 机上面 | 500 | 80 | |
| 調理 | 調理室,厨房 | 20 | 15 | 22 | 台上面 | 500 | 80 | |
| 会議 | 会議室 | 15 | 10 | 19 | 机上面 | 300 | 80 | 顔面:$E_t$ 150 lx<br>調光を可能にする. |
| 宿直 | 宿直室 | 15 | 10 | 19 | 机上面 | 300 | 80 | |
| 印刷 | 印刷室 | 15 | 10 | 19 | 台上面 | 300 | 80 | |
| 体育 | 体育館 | 15 | 10 | 22 | 床面 | 300 | 80 | |
| 食事 | 食堂 | 15 | 10 | 22 | 卓上面 | 300 | 80 | |
| 書庫作業 | 書庫 | 10 | 7.5 | 19 | 床面 | 200 | 80 | 鉛直面:$E_t$ 200 lx |
| 集会一般 | 講堂,集会室 | 10 | 7.5 | 22 | 床面 | 200 | 80 | |
| 用便,洗面 | 便所,洗面所 | 10 | 7.5 | — | 床面 | 200 | 80 | |
| 更衣 | ロッカー室,更衣室 | 10 | 7.5 | — | 床面 | 200 | 80 | |
| エレベーター昇降 | エレベーターかご | 10 | 7.5 | — | 床面 | 200 | 60 | |
| 昇降歩行 | 階段 | 7.5 | 5 | 22 | 床面 | 150 | 40 | 階段への導入時の代表的な視野範囲における輝度の急激な変化を避ける. |
| 出入 | 出入口 | 5 | 3 | — | 床面 | 100 | 60 | |
| 収蔵 | 倉庫 | 5 | 3 | — | 床面 | 100 | 60 | 常時使用の場合(床面):$E_t$ 200 lx |
| 水平歩行 | 廊下,通路 | 5 | 3 | — | 床面 | 100 | 40 | |
| 駐車 | 車庫 | 2 | 1.5 | — | 床面 | 50 | 40 | |
| 避難 | 非常階段 | 2 | 1.5 | — | 床面 | 50 | 40 | |

凡例(記号)　$L_{wm}$:壁面平均輝度:(cd/m²), $L_{cm}$:天井面平均輝度(cd/m²), UGR:屋内統一グレア評価方法によるUGR,
$E_t$:ターゲット面の照度(lx), $R_a$:平均演色評価数, $U_t$:ターゲット面の照度均斉度

**表 6.4 照明環境の設計規準－事務**

| 作業,活動または用途 | 対応する室または空間の例 | $L_{wm}$ | $L_{cm}$ | UGR | ターゲット面 | $E_t$ | $R_a$ | 備考 |
|---|---|---|---|---|---|---|---|---|
| 設計,製図 | 設計室,製図室 | 30 | 20 | 16 | 机上面 | 750 | 80 | $U_t 0.7$ |
| 集中監視・制御 | 集中監視室・制御室 | 20 | 15 | 16 | 盤面 | 500 | 80 | 調光を可能にすることが望ましい.<br>キーボード面:$E_t$ 500 lx / $U_t 0.7$<br>ディスプレイ面は低照度が望ましい. |
| 事務 | 事務室 | 20 | 15 | 19 | 机上面 | 500 | 80 | キーボード面:$E_t$ 500 lx / $U_t 0.7$<br>ディスプレイ面は低照度が望ましい. |
| VDT作業,計算 | 計算機室 | 20 | 15 | 19 | 机上面 | 500 | 80 | キーボード面:$E_t$ 500 lx / $U_t 0.7$<br>ディスプレイ面は低照度が望ましい. |
| 図書閲覧 | 図書閲覧室 | 20 | 15 | 19 | 机上面 | 500 | 80 | $U_t 0.7$ |
| 診察 | 診察室 | 20 | 15 | 19 | 机上面 | 500 | 90 | 顔面:$E_t$ 300 lx |
| 守衛 | 守衛室 | 20 | 15 | 19 | 机上面 | 500 | 80 | 顔面:$E_t$ 200 lx |
| 調理 | 調理室 | 20 | 15 | 22 | 台上面 | 500 | 80 | |
| 昼間の出入 | 玄関ホール | 20 | 15 | － | 床面 | 500 | 80 | |
| 会議,集会 | 会議室,集会室 | 15 | 10 | 19 | 机上面 | 300 | 80 | 顔面:$E_t$ 150 lx<br>調光を可能にすることが望ましい. |
| 応接 | 応接室,役員室 | 20 | 15 | 19 | 卓上面 | 300 | 80 | 顔面:$E_t$ 150 lx |
| 宿直 | 宿直室 | 15 | 10 | 19 | 机上面 | 300 | 80 | |
| 印刷 | 印刷室 | 15 | 10 | 19 | 台上面 | 300 | 80 | |
| 受付 | 受付 | 15 | 10 | 22 | 机上面 | 300 | 80 | 顔面:$E_t$ 200 lx |
| 食事 | 食堂 | 15 | 10 | 22 | 卓上面 | 300 | 80 | |
| 特定多人数のエレベーター待機 | エレベーターホール | 15 | 10 | － | 床面 | 300 | 60 | エレベーターかごへの導入時の代表的な視野範囲における輝度の急激な変化を避ける. |
| 書庫作業 | 書庫 | 10 | 7.5 | 19 | 床面 | 200 | 80 | 鉛直面:$E_t$ 200 lx |
| 談話,喫茶,喫煙,湯沸し | 談話室,喫茶室,喫煙室,ラウンジ,湯沸室 | 10 | 7.5 | － | 卓上面 | 200 | 80 | |
| 用便,洗面 | 便所,洗面所 | 10 | 7.5 | － | 床面 | 200 | 80 | |
| 更衣 | ロッカー室,更衣室 | 10 | 7.5 | － | 床面 | 200 | 80 | |
| エレベーター昇降 | エレベーターかご | 10 | 7.5 | － | 床面 | 200 | 60 | |
| 設備管理 | 電気室,機械室 | 10 | 7.5 | － | 盤面 | 200 | 60 | |
| 昇降歩行 | 階段 | 7.5 | 5 | 22 | 床面 | 150 | 40 | 階段への導入時の代表的な視野範囲における輝度の急激な変化を避ける. |
| 休憩 | 休憩室 | 5 | 3 | － | 卓上面 | 100 | 80 | |
| 夜間の出入 | 玄関ホール,玄関(車寄せ),出入口 | 5 | 3 | － | 床面 | 100 | 60 | |
| 収蔵 | 倉庫 | 5 | 3 | － | 床面 | 100 | 60 | 常時使用の場合(床面):$E_t$ 200 lx |
| 水平歩行 | 廊下,通路 | 5 | 3 | － | 床面 | 100 | 40 | |
| 駐車 | 車庫 | 2 | 1.5 | － | 床面 | 50 | 40 | |
| 避難 | 非常階段 | 2 | 1.5 | － | 床面 | 50 | 40 | |

凡例(記号) $L_{wm}$:壁面平均輝度:(cd/m²), $L_{cm}$:天井面平均輝度(cd/m²), UGR:屋内統一グレア評価方法によるUGR, $E_t$:ターゲット面の照度(lx), $R_a$:平均演色評価数, $U_t$:ターゲット面の照度均斉度

## 表6.5 照明環境の設計規準－小売・外食・サービス

| 作業,活動または用途 | 対応する室または空間の例 | $L_{wm}$ | $L_{cm}$ | UGR | ターゲット面 | $E_t$ | $R_a$ | 備考 |
|---|---|---|---|---|---|---|---|---|
| 美髪,美粧 | 美容・理髪室 | 50 | 30 | — | 台上面 | 1000 | 90 | 顔面:$E_t$ 500 lx |
| 商品検査 | 小売店テスト室 | 30 | 20 | 19 | 机上面 | 750 | 80 | 調光導入が望ましい. |
| 明るめの顧客対応・会計 | 小売店レジスター,宿泊施設フロント・レジスター | 30 | 20 | 22 | 机上面 | 750 | 80 | $U_t$ 0.7<br>顔面:$E_t$ 200 lx |
| エスカレーター乗降 | エスカレーター乗降口 | 30 | 20 | 22 | 床面 | 750 | 80 | |
| 商品包装 | 小売店包装台 | 30 | 20 | — | 台上面 | 750 | 80 | $U_t$ 0.7 |
| 事務 | 事務室 | 20 | 15 | 19 | 机上面 | 500 | 80 | キーボード面:$E_t$ 500 lx / $U_t$ 0.7<br>ディスプレイ面は低照度が望ましい. |
| 調髪,顔そり,洗髪,着付 | 美容・理髪室 | 20 | 15 | 22 | 台上面 | 500 | 90 | 顔面:$E_t$ 500 lx |
| 大型小売店基礎 | 大型小売店 | 20 | 15 | 22 | 床面 | 500 | 80 | 注1) |
| 一般的な顧客対応・会計 | 一般レジスター・クローク,番台,入場券売場 | 20 | 15 | 22 | 机上面 | 500 | 80 | $U_t$ 0.7<br>顔面:$E_t$ 200 lx |
| 調理 | 調理室,厨房 | 20 | 15 | 22 | 台上面 | 500 | 80 | |
| 商品相談 | 小売店コンサルタントコーナー | 20 | 15 | — | 机上面 | 500 | 80 | 顔面:$E_t$ 150 lx |
| 着装 | 着装コーナー | 20 | 15 | — | 床面 | 500 | 80 | 顔面:$E_t$ 300 lx |
| 不特定多数のエレベーター待機 | エレベーターホール | 20 | 15 | — | 床面 | 500 | 80 | エレベーターかごへの導入時の代表的な視野範囲における輝度の急激な変化を避ける. |
| 商談,接客 | 商談室,接客コーナー | 15 | 10 | 19 | 卓上面 | 300 | 80 | 顔面:$E_t$ 150 lx |
| 会議,パーティ | 宴会場兼会議室 | 15 | 10 | 19 | 机上面 | 300 | 80 | 顔面:$E_t$ 150 lx<br>舞台照明を含まない.<br>調光可能とする. |
| 受付 | 受付 | 15 | 10 | 22 | 机上面 | 300 | 80 | 顔面:$E_t$ 200 lx |
| 小売店基礎 | 小売店売場,売店 | 15 | 10 | 22 | 床面 | 300 | 80 | 注1) |
| 食事 | 食堂 | 15 | 10 | 22 | 卓上面 | 300 | 80 | |
| 化粧 | 化粧室 | 15 | 10 | 22 | 台上面 | 300 | 90 | 顔面:$E_t$ 300 lx |
| 暗めの顧客対応・会計 | 遊興飲食店レジスター | 15 | 10 | — | 机上面 | 300 | 80 | $U_t$ 0.7 |
| 遊歩行 | アトリウム,モール | 15 | 10 | — | 床面 | 300 | 60 | |
| 乗下車 | 車寄せ | 15 | 10 | — | 床面 | 300 | 60 | |
| 飲食,軽飲食 | 飲食店客室 | 10 | 7.5 | 19 | 卓上面 | 200 | 80 | 食卓(卓上面):$E_t$ 500 lx,調理台(台上面):$E_t$ 300 lx |
| 宴会 | 広間 | 10 | 7.5 | 19 | 机上面 | 200 | 80 | |
| 導入,滞留 | ロビー | 10 | 7.5 | 22 | 床面 | 200 | 80 | |
| 待合 | 飲食店待合室 | 10 | 7.5 | 22 | 卓上面 | 200 | 80 | |
| 宴会,観劇 | 宴会場,観客席 | 10 | 7.5 | 22 | 床面 | 200 | 80 | 舞台照明を含まない.<br>調光導入が望ましい.<br>上映中(床面):$E_t$ 3 lx |
| 多人数の入浴 | 大浴場・浴槽 | 10 | 7.5 | — | 床面 | 200 | 80 | |
| 用便,洗面 | 便所,洗面所 | 10 | 7.5 | — | 台上面 | 200 | 80 | 洗面鏡(顔面):$E_t$ 500 lx |
| 更衣 | ロッカー室,更衣室 | 10 | 7.5 | — | 床面 | 200 | 80 | |
| 多人数の下足 | 出入口 | 10 | 7.5 | — | 床面 | 200 | 60 | |
| 多人数の着脱衣 | 大浴場脱衣室 | 10 | 7.5 | — | 床面 | 200 | 60 | |
| エレベーター昇降 | エレベーターかご | 10 | 7.5 | — | 床面 | 200 | 60 | |
| 設備管理 | 電気室,機械室 | 10 | 7.5 | — | 盤面 | 200 | 60 | |

凡例(記号)　$L_{wm}$:壁面平均輝度:(cd/m²),$L_{cm}$:天井面平均輝度(cd/m²),UGR:屋内統一グレア評価方法によるUGR,$E_t$:ターゲット面の照度(lx),$R_a$:平均演色評価数,$U_t$:ターゲット面の照度均斉度

注1) 小売店の業種,規模およびその階の重要度に応じて,$L_{wm}$,$L_{cm}$ および$E_t$を輝度および照度の表示段階で1段階上げた値とすることができる.
注2) 小売店の業種,規模および商品の特性に応じて,$E_t$を照度の表示段階で1段階上げた値とすることができる.

表6.5 照明環境の設計規準－小売・外食・サービス（続き）

| 活動, 作業または用途 | 対応する室または空間の例 | $L_{wm}$ | $L_{cm}$ | UGR | ターゲット面 | $E_t$ | $R_a$ | 備考 |
|---|---|---|---|---|---|---|---|---|
| 表示確認・調整 | モニター室, 調整室 | 7.5 | 5 | 16 | 盤面 | 150 | 80 | 調光を可能にすることが望ましい.<br>上映中(床面)：$E_t$ 20 lx |
| 昇降歩行 | 階段 | 7.5 | 5 | 22 | 床面 | 150 | 40 | 階段への導入時の代表的な視野範囲における輝度の急激な変化を避ける. |
| 遊興飲食 | 遊興飲食店客室 | 7.5 | 5 | — | 卓上面 | 150 | 80 | 食卓(卓上面)：$E_t$ 300 lx, 調理台(台上面)：$E_t$ 200 lx |
| 荷積み, 荷降ろし, 荷移動 | 作業室 | 7.5 | 5 | — | 台上面 | 150 | 40 | |
| 宿泊, 滞在 | 宿泊施設客室 | 5 | 3 | 19 | 床面 | 100 | 80 | 客室机(机上面)：$E_t$ 500 lx |
| 映写 | 映写室 | 5 | 3 | 19 | 床面 | 100 | 60 | 調光を可能にすることが望ましい.<br>上映中(床面)：$E_t$ 20 lx |
| 会食 | 座敷 | 5 | 3 | 22 | 卓上面 | 100 | 80 | |
| 休憩 | 休憩室 | 5 | 3 | — | 卓上面 | 100 | 80 | |
| 入浴 | 宿泊施設浴室 | 5 | 3 | — | 床面 | 100 | 80 | |
| 出入 | 玄関 | 5 | 3 | — | 床面 | 100 | 60 | |
| 娯楽 | 娯楽室 | 5 | 3 | — | 台上面 | 100 | 60 | |
| 収蔵 | 倉庫 | 5 | 3 | — | 床面 | 100 | 60 | 常時使用の場合(床面)：$E_t$ 200 lx |
| 水平歩行 | 廊下, 通路 | 5 | 3 | — | 床面 | 100 | 40 | |
| 駐車 | 車庫 | 2 | 1.5 | — | 床面 | 50 | 40 | |
| 避難 | 非常階段 | 2 | 1.5 | — | 床面 | 50 | 40 | |
| 暗めの遊興飲食 | 喫茶店客席, バー | 1.5 | 1 | — | 卓上面 | 30 | — | |
| 商品宣伝 | 小売店ショーウインドー, 飲食店サンプルケース | — | — | — | 床面 | 750 | 80 | ショーウインドーの最重要部(床面)：$E_t$ 2000 lx<br>ショーウインドーの重要部(床面)：$E_t$ 1000 lx<br>昼光の影響を受ける場所ではより高照度が必要となる場合がある. |
| 商品陳列基礎 | 小売店陳列空間 | — | — | — | 台上面 | 150 | 80 | 最重要陳列部(台上面)：$E_t$ 2000 lx<br>重要陳列部(台上面)：$E_t$ 750 lx 注2)<br>一般陳列部(台上面)：$E_t$ 500 lx 注2) |
| 庭の視認 | 庭 | — | — | — | 地面 | 30 | — | 庭の重要部(地面)：$E_t$ 75 lx |
| 非常に暗めの遊興飲食 | キャバレー客席・通路 | — | — | — | 床面 | 10 | — | |
| 防犯, 移動 | 施設外部, 構内広場 | — | — | — | 床面 | 3 | 40 | |

凡例(記号) $L_{wm}$：壁面平均輝度：(cd/m²), $L_{cm}$：天井面平均輝度(cd/m²), UGR：屋内統一グレア評価方法によるUGR, $E_t$：ターゲット面の照度(lx), $R_a$：平均演色評価数, $U_t$：ターゲット面の照度均斉度

注1) 小売店の業種, 規模およびその階の重要度に応じて, $L_{wm}$, $L_{cm}$および$E_t$を輝度および照度の表示段階で1段階上げた値とすることができる.
注2) 小売店の業種, 規模および商品の特性に応じて, $E_t$を照度の表示段階で1段階上げた値とすることができる.

## 表6.6 照明環境の設計規準－製造・加工

| 作業,活動または用途 | 対応する室または空間の例 | $L_{wm}$ | $L_{cm}$ | UGR | ターゲット面 | $E_t$ | $R_a$ | 備考 |
|---|---|---|---|---|---|---|---|---|
| 非常に精密な加工・組立・検査・試験・選別 注1) 注4) | 精密加工室,精密組立室,精密検査室,精密試験室,精密選別室 | 50 | 30 | 16 | 台上面 | 1500 | 80 | $U_t$ 0.7<br>色が重要な場合:$R_a \geq 90$<br>超精密な視作業の場合:$E_t$ 2000 lx |
| 設計,製図 | 設計室,製図室 | 30 | 20 | 16 | 机上面 | 750 | 80 | $U_t$ 0.7 |
| やや精密な加工・組立・検査・試験・選別 注2) 注5) | 加工室,組立室,検査室,試験室,選別室 | 30 | 20 | 19 | 台上面 | 750 | 80 | $U_t$ 0.7<br>色が重要な場合:$R_a \geq 90$<br>精密な視作業の場合:$E_t$ 1000 lx |
| 事務 | 事務室 | 20 | 15 | 19 | 机上面 | 500 | 80 | キーボード面:$E_t$ 500 lx / $U_t$ 0.7<br>ディスプレイ面は低照度が望ましい. |
| 診察 | 診察室 | 20 | 15 | 19 | 机上面 | 500 | 90 | 顔面:$E_t$ 300 lx / 相関色温度4000 K以上 |
| 守衛 | 守衛室 | 20 | 15 | 19 | 机上面 | 500 | 80 | 顔面:$E_t$ 200 lx |
| 一般的な加工・組立・検査・試験・選別 注3),非常に注意を要する包装 注1) | 加工室,組立室,検査室,試験室,選別室,包装室 | 20 | 15 | — | 台上面 | 500 | 60 | $U_t$ 0.7<br>色が重要な場合:$R_a \geq 90$ |
| 宿直 | 宿直室 | 15 | 10 | 19 | 机上面 | 300 | 80 | |
| 制御 | 制御室 | 10 | 7.5 | 22 | 盤面 | 200 | 60 | キーボード面:$E_t$ 500 lx / $U_t$ 0.7<br>ディスプレイ面は低照度が望ましい.<br>監視(盤面):$E_t$ 500 lx / $U_t$ 0.7 / $R_a$ 80 / UGR 16 / 調光を可能にすることが望ましい. |
| 談話,喫煙 | 談話室,喫煙室 | 10 | 7.5 | — | 卓上面 | 200 | 80 | |
| 用便,洗面 | 便所,洗面所 | 10 | 7.5 | — | 台上面 | 200 | 80 | |
| 更衣 | ロッカー室,更衣室 | 10 | 7.5 | — | 床面 | 200 | 80 | |
| 注意を要する包装 注2),注意を要する荷造・梱包 注2) | 包装室,荷造室,梱包室 | 10 | 7.5 | — | 台上面 | 200 | 60 | |
| 倉庫作業 | 作業を伴う倉庫 | 10 | 7.5 | — | 床面 | 200 | 60 | 倉庫内事務(床面):$E_t$ 300 lx / $R_a$ 80 / UGR 19 |
| エレベーター昇降 | エレベーターかご | 10 | 7.5 | — | 床面 | 200 | 60 | |
| 設備管理 | 電気室,機械室 | 10 | 7.5 | — | 盤面 | 200 | 60 | |
| 昇降歩行 | 階段 | 7.5 | 5 | 22 | 床面 | 150 | 40 | 階段への導入時の代表的な視野範囲における輝度の急激な変化を避ける. |
| 荷積み,荷降ろし,荷移動 | 作業室 | 7.5 | 5 | — | 床面 | 150 | 40 | |
| 休憩 | 休憩室 | 5 | 3 | — | 卓上面 | 100 | 80 | |
| 一般的な包装 注3),一般的な荷造・梱包 注3) | 包装室,荷造室,梱包室 | 5 | 3 | — | 台上面 | 100 | 60 | |
| 出入 | 出入口 | 5 | 3 | — | 床面 | 100 | 60 | |
| 収蔵 | 一般的な倉庫 | 5 | 3 | — | 床面 | 100 | 60 | 常時使用の場合(床面):$E_t$ 200 lx |
| 水平歩行 | 廊下,通路 | 5 | 3 | — | 床面 | 100 | 40 | |
| 駐車 | 車庫 | 2 | 1.5 | — | 床面 | 50 | 40 | |
| 避難 | 非常階段 | 2 | 1.5 | — | 床面 | 50 | 40 | |

凡例(記号) $L_{wm}$:壁面平均輝度:(cd/m²),$L_{cm}$:天井面平均輝度(cd/m²),UGR:屋内統一グレア評価方法によるUGR,$E_t$:ターゲット面の照度(lx),$R_a$:平均演色評価数,$U_t$:ターゲット面の照度均斉度

注1) 作業対象が,細かい場合,暗色の場合,弱対比の場合,高価な場合,衛生に関係する場合または視作業に負担がある場合
注2) 作業対象が,注1)と注2)の中間的な場合
注3) 作業対象が,粗い場合,明色の場合,頑丈な場合または比較的安価な場合
注4) 例えば,精密機械・電子部品の加工・組立または印刷工場での検査など
注5) 例えば,繊維工場での検査・選別,印刷工場での植字・校正または化学工場での分析など

## 7. 照明環境の省エネルギー規準

### 7.1 照明における省エネルギーの考え方

> 照明の省エネルギーのためには，ピーク時の照明消費電力を削減するだけでなく，運用期間中の照明消費電力量を削減する必要がある．そのため，昼光と人工照明の双方を考慮した照明計画や運用を心がけなければならない．

　照明の省エネルギーのためには，ピーク時の照明消費電力を削減するだけでなく，運用期間中の照明消費電力量を削減する必要がある．

　昼光によってもたらされる光束の割合を増やせば，電力を利用した人工照明による光束を減らせるので，照明の省エネルギーには効果的である．ただし，照明環境に求められる機能に支障が出ないように昼光の採り入れ方を工夫しなければならない．また，直達日射による熱の流入により，空調負荷が増大することのないような配慮が必要である．

　照明環境の計画は，空間の明るさ確保と作業内容に応じた視作業性の確保を念頭に行わなくてはならない．全般照明方式では，空間の明るさと作業面における視作業性を同一の天井照明器具で確保することを目指すが，省エネルギーのためには，空間の明るさを確保するためのアンビエント照明と，視作業性，視認性および視対象の適切な見えの確保を目的とした局所的な明るさを得るためのターゲット照明とに，機能を分けて考えることが有効である．

　アンビエント照明については，昼光の量・光色の時間変動および空間的分布ならびに指向性による視環境への影響に加え，熱負荷に配慮したうえで，照明消費電力量削減の観点から，昼間はアンビエント照明に昼光を極力活用することが望ましい．昼光の入射状況とともに目の順応レベルや視対象と背景輝度との対比の状況を考慮したうえで，空間の必要な明るさが確保されるよう人工照明を調整する．また，ターゲット照明に求められる機能は，作業内容に応じた必要照度を確保することでおおむね満たされる．ターゲット照明についても，昼光の入射状況に応じて必要照度が確保されるよう調整する．

　具体的には，まず全般照明方式については，室全体を均一の照度，すなわち均一な明るさにするという考え方であるため，アンビエント照明としての機能が満たされていれば，ターゲット照明に求められる機能も満たされると考えられる．しかし，省エネルギーのため作業領域を室全体ではなく室の一部とする場合に，天井照明の一部が消灯され空間全体が不均一な明るさとなり，アンビエント面の明るさが確保されにくくなることがある．同様に，省エネルギーの観点からは，生活者が利用しない時間や場所は，確実に消灯する仕組みが求められるが，むやみな消灯でアンビエント面の明るさが確保されにくくなることもあるため，全般照明方式では消灯されないことも多く，省エネルギー化も難しくなる．

　つぎに，ターゲット照明とアンビエント照明の機能を分離する照明手法の1つであるタスク・アンビエント照明方式〔8.2節を参照〕については，視作業面に近い位置に視作業領域用の照明器具を取り付けることによって，視作業に必要な照度を確保することができ，

また，結果として高照度に設定する領域を限定できるため，照明の省エネルギーを大きく進めることができる．

## 7.2 照明消費電力量の算出の考え方

> 照明環境の省エネルギーの検討に資するための基礎的指標として照明効率を定義する．
> 照明消費電力量の算出は，対象面への光束の積算による方法に基づくものとする．

照明消費電力量の算出については，照明器具からの光束の積算による算出法〔参考 7.2.1 を参照〕があるが，アンビエント照明とターゲット照明との機能を分離するという本規準の考え方に立てば，省エネルギーについても，照明器具側からではなく，むしろアンビエント面とターゲット面と区分けされた対象面への光束の積算による算出法のほうが合理的であると考えられる．

以上のような対象面への光束の積算という考え方を基本とした場合，あるいは照明環境を形成するという点から照明を捉えた場合，入力すなわち消費される電力に対する出力は，実際に使用可能な光束とすべきである．よって，照明環境での省エネルギーを検討するうえでもっとも重要な指標が，照明器具から供給される光束を照明器具の消費電力で除した値ということになる．本規準では，これを照明効率として定義し，基礎的指標として位置づける．さらに，この照明効率を空間的に拡大した指標，すなわち人工照明の対象面において，照明器具から供給される光束をその光束の供給分に対応する照明器具の消費電力の合計値で除した値を相当照明効率とし，この概念を本節の算出法に導入する．

照明を使用する全時間帯における相当照明効率の平均値を平均相当照明効率とすれば，

照明消費電力量＝電力によって供給される全時間帯の総光束／平均相当照明効率

となり，照明消費電力量は，照明設計や運用・管理システムによって決まる人工照明による総光束と平均相当照明効率との単純な関係に還元することができる．また，最終的にある対象面で吸収される光束および光源の劣化や汚損による光束の低減など，消費される光束と電力によって供給される光束とがバランスし，さらにこれらを平均相当照明効率で除したものが照明消費電力量になる．よって，照明消費電力量 $\overline{Q}$〔Wh〕の算出において，対象面への光束の積算による方法は，全時間帯で室内環境を構成する天井や壁を含むすべての対象面について積算することになるので，式(7.1)のように表現できる．なお，式(7.1)は，どのような照明方式でも適用可能である．

$$\overline{Q} = \iint_{t\,i} Q_i(t)\,didt = \iint_{t\,i} \frac{(1-\rho_i(t))E_i(t)S_i}{\eta_i M_i(t)}\,didt \tag{7.1}$$

$Q_i(t)$：時刻 $t$ における対象面 $i$ に光を与える人工照明の消費電力〔W〕

$E_i(t)$：時刻 $t$ における対象面 $i$ の人工照明による照度〔lx〕

$\eta_i$　：対象面 $i$ に光を与える照明器具の相当照明効率〔lm/W〕

　　　（なお，1つのアンビエント面に光を与える照明器具が1種類の場合，相当照明効率はその照明器具の照明効率となる．）

$M_i(t)$ ：時刻 $t$ における対象面 $i$ に光を与える照明器具の保守率（光源の劣化，汚れ具合による補正係数）[-]

$\rho_i(t)$ ：時刻 $t$ における対象面 $i$ の反射率[-]

$S_i$ ：対象面 $i$ の面積[$m^2$]

室内各面の反射率$\rho_i(t)$[-]，照明器具の保守率 $M_i(t)$[-]が大きいほど照明消費電力 $Q_i(t)$[W]は小さくなるため，照明の省エネルギーのためには，室内表面の反射率や照明器具保守率の低下を防ぐように，定期的な清掃など適切な保守が必要である．

### 【参考7.2.1】照明器具からの光束の積算による照明消費電力量の算出

照明器具からの光束の積算による人工照明（注：どのような照明方式でも適用可能）による照明消費電力量 $\overline{Q}$ [Wh]は，式(7.2)で求められる．

$$\overline{Q} = \sum_t Q(t) = \frac{\sum_n \sum_t FD(t)}{H(t)} \tag{7.2}$$

$Q(t)$ ：時刻 $t$ における人工照明の消費電力[W]

$F$ ：照明器具の全光束[lm]

$D(t)$ ：時刻 $t$ における照明器具の調光率[-]

$H(t)$ ：調光率 $D(t)$ のときの照明器具の相当照明効率[lm/W]

$n$ ：照明器具の個数[-]

なお，必要照度が昼光によって部分的に確保される場合は，人工照明によってもたらされる光束 $FD(t)$ [lm]は，式(7.3)によるもので置き換えることができる．

$$FD(t) = (E_j(t) - E_{dj}(t))S_j \tag{7.3}$$

$E_j(t)$ ：時刻 $t$ における人工照明の対象面 $j$ での設定照度[lx]

$E_{dj}(t)$ ：時刻 $t$ における人工照明の対象面 $j$ での昼光照度[lx]

$S_j$ ：人工照明の対象面 $j$ の面積[$m^2$]

室全体の照明消費電力量は，アンビエント用の照明による照明消費電力量とターゲット用の照明による照明消費電力量を加算することで求められる．1日を通して積算すれば1日あたりの照明消費電力量が，1年間を通して積算すれば年間の照明消費電力量が求められる．

## 7.3 照明消費電力量密度および照明消費電力密度の算出

> 照明計画を行うときには，空間用途に応じた照明環境の設計規準を満たし，かつ最も少ない電力消費で最大の効果が得られるような照明手法を採用する．電力消費については，当該設計による照明消費電力量密度および照明消費電力密度を算出し，省エネルギー性を判断することとする．例えば，作業，活動または用途が事務の場合における照明消費電力密度（日平均値）の目標値としては，5 W/m²以下とする．

オフィスなどでは，ターゲット照明にかかる消費電力は，アンビエント照明にかかる消費電力に比べきわめて小さいため[1]，電力消費については，アンビエント照明の消費電力に基づき定める．前節の式(7.1)より，対象空間の 1 日あたりの照明消費電力量 $\overline{Q_{amb}}$ [Wh]は式(7.4)，また，対象空間の各面を均等拡散と仮定し，対象面の人工照明による照度 $E_i(t)$ に式(5.1)を適用すれば，$\overline{Q_{amb}}$ [Wh]は，式(7.5)のとおり表される．

$$\overline{Q_{amb}} = \iint_{t\ i} \frac{(1-\rho_i(t))E_i(t)S_i}{\eta_i M_i(t)} didt \tag{7.4}$$

$$\fallingdotseq \iint_{t\ i} \frac{(1-\rho_i(t))\pi L_i(t)S_i}{\rho_i(t)\eta_i M_i(t)} didt \tag{7.5}$$

$E_i(t)$ ：時刻 $t$ におけるアンビエント面 $i$ の人工照明による照度[lx]

$\eta_i$ ：アンビエント面 $i$ に光を与える照明器具の相当照明効率[lm/W]

$M_i(t)$：時刻 $t$ におけるアンビエント面 $i$ に光を与える照明器具の保守率（光源の劣化，汚れ具合による補正係数）[-]

$\rho_i(t)$ ：時刻 $t$ におけるアンビエント面 $i$ の反射率[-]

$S_i$ ：アンビエント面 $i$ の面積[m²]

設計段階のアンビエント照明にかかる電力消費については，設計段階では，室内表面や照明器具の汚れおよび照明器具の劣化はないことから，各面の反射率 $\rho_i(t)$ は，設計値（注：時間 $t$ によらない定数となる）および各面における保守率 $M_i(t)$ は 1.0 を用いれば，設計段階での対象空間の 1 日あたりの照明消費電力量 $\overline{Q_{amb}}$ [Wh]は式(7.6)，同じく対象空間の照明消費電力量密度（日平均，以下，説明がない場合は日平均値とする）$\overline{W_{hamb}}$ [Wh/m²]は，式(7.7)のとおり概算される．

$$\overline{Q_{amb}} = \iint_{t\ i} \frac{(1-\rho_i)\pi L_i(t)S_i}{\rho_i \eta_i} didt \tag{7.6}$$

$$\overline{W_{hamb}} = \iint_{t\ i} \frac{(1-\rho_i)\pi L_i(t)S_i}{\rho_i \eta_i S_f} didt \tag{7.7}$$

$S_i$：アンビエント面 $i$ の面積[m²]

$S_f$：対象空間の床面積[m²]

$\rho_i$：アンビエント面 $i$ の反射率[-]（設計値）

$\eta_i$ ：アンビエント面 $i$ に光を与える照明器具の相当照明効率[lm/W]

（なお，1つのアンビエント面に光を与える照明器具が1種類の場合，相当照明効率はその照明器具の照明効率となる．）

$L_i(t)$: 時刻 $t$ におけるアンビエント面 $i$ の輝度[cd/m$^2$]

〔設計による予測値，6.2.3 項を参照，表 6.2～6.6 の輝度の設計規準値を満たすこと〕

つぎに，昼光の入射のある時間帯と昼光の入射のない時間帯を分けて，それぞれの時間帯の時刻 $t$ におけるアンビエント面 $i$ における照明消費電力密度 $W_{di}(t)$ [注) [W/m$^2$]，$W_{ni}(t)$ [W/m$^2$]を用いると，式(7.7)は式(7.8)となる．

$$\overline{W_{hamb}} \fallingdotseq \int_t \int_i W_{di}(t) di dt + \int_t \int_i W_{ni}(t) di dt \tag{7.8}$$

$W_{di}(t)$：昼光の入射のある時間帯の時刻 $t$ におけるアンビエント面 $i$ における照明消費電力密度[W/m$^2$]

$W_{ni}(t)$：昼光の入射のない時間帯の時刻 $t$ におけるアンビエント面 $i$ における照明消費電力密度[W/m$^2$]

ここで，昼光の入射のない時間帯のアンビエント面 $i$ に対する照明消費電力密度 $W_{ni}(t)$ [W/m$^2$]は，アンビエント面 $i$ の輝度 $L_i$ を一定（注：時間 $t$ によらない定数となる）とみなすことができるので，改めて，

$$W_{ni} = \frac{(1-\rho_i)\pi L_i S_i}{\rho_i \eta_i S_f} \tag{7.9}$$

$L_i$: アンビエント面 $i$ の輝度[cd/m$^2$]

〔設計による予測値，6.2.3 項を参照，表 6.2～6.6 の輝度の設計規準値を満たすこと〕

昼光の入射のない時間帯の照明消費電力密度（時間帯平均値，以下，時間帯の説明がある場合は時間帯平均値とする）$W_n$[W/m$^2$]は，アンビエント面を総合して，

$$W_n = \sum_i W_{ni} = \int_i \frac{(1-\rho_i)\pi L_i S_i}{\rho_i \eta_i S_f} di \tag{7.10}$$

$i$：アンビエント面（一般的には，壁面，天井面，床面などとなる．ただし，アンビエント面の総数は，反射率が異なる部位の数となる．）

つぎに，昼光の入射のある時間帯の照明消費電力密度を $W_d$ [注)] [W/m²] とし，昼光の入射のない時間帯の照明消費電力密度 $W_n$ [W/m²] を用いれば，式(7.8)は次式になる．

$$\overline{W_{hamb}} \fallingdotseq W_d \times t_d + W_n \times t_n \tag{7.11}$$

$t_d$: 昼光の入射のある時間帯の照明点灯時間 [h]
$t_n$: 昼光の入射のない時間帯の照明点灯時間 [h]

さらに，式(7.11)を対象空間を1日あたり照明する総時間 $(t_d + t_n)$ で除すことにより，式(7.12)に示すように，照明消費電力密度(日平均値，以下，説明がない場合は日平均値とする) $\overline{W_{amb}}$ [W/m²] が求められる．

$$\overline{W_{amb}} = \frac{W_d \times t_d + W_n \times t_n}{t_d + t_n} \tag{7.12}$$

昼光の入射のある時間帯の照明消費電力密度 $W_d$ [W/m²] は，昼光の入射のない時間帯の照明消費電力密度 $W_n$ [W/m²] よりも10%以上削減するよう，照明手法を工夫することが望ましい．

10%以上削減できた場合は，$W_n$ および $W_d$ の算出を介して，式(7.11)および式(7.12)より，それぞれ，照明消費電力量密度 $\overline{W_{hamb}}$ [Wh/m²] および照明消費電力密度 $\overline{W_{amb}}$ [W/m²] を求める．

これ以外の場合，一般的には，式(7.9)および式(7.10)より，昼光の入射のない時間帯の照明消費電力密度 $W_n$ [W/m²] を求め，目安として，

$$W_d = 0.9 \times W_n \tag{7.13}$$

として，式(7.11)および式(7.12)より，それぞれ，照明消費電力量密度 $\overline{W_{hamb}}$ [Wh/m²] および照明消費電力密度 $\overline{W_{amb}}$ [W/m²] を求める．

作業，活動，または用途が事務の場合(事務室など)における照明消費電力密度 $\overline{W_{amb}}$ [W/m²] の目標値としては，5 W/m² 以下とする．

注) 昼光の入射のある時間帯の照明消費電力密度 $W_d$ [W/m²] は，式(7.7)を用い，昼光の入射のある時間帯の照明消費電力量密度を求め，昼光の入射のある時間帯の照明点灯時間 $t_d$ [h] で除すことで求められるが，一般にアンビエント面 $i$ の輝度 $L_i$ は時間 $t$ の関数になっているため，設計段階では，照明シミュレーションやモデル化を行うことになる．なお，昼光の入射のある時間帯のアンビエント面 $i$ に対する照明消費電力密度 $W_{di}$ [W/m²] は，式(7.9)と同様の形式ではあるが，一般にアンビエント面 $i$ の輝度 $L_i$ が時間 $t$ の関数になっているため，直接求めることはできない．

## 【参考7.3.1】事務室における照明消費電力量密度および照明消費電力密度の算出例

一般的な事務室における照明消費電力量密度 $\overline{W_{hamb}}$ [Wh/m$^2$]および照明消費電力密度 $\overline{W_{amb}}$ [W/m$^2$]の算出例を示す．計算条件は，以下のとおりとする．

- 室寸法： 10 m(W)×6 m(D)×3 m(H)
- 照明器具の相当照明効率$\eta_i$: 80 lm/W（高周波点灯方式の直管形蛍光ランプ以上を想定）
- 使用時間: 8:00～17:00（昼光の入射のある時間帯），17:00～21:00（昼光の入射のない時間帯）
- 壁面輝度: 20 cd/m$^2$，　壁面反射率: 0.3
- 天井面輝度: 15 cd/m$^2$，　天井面反射率: 0.6
- 床面輝度: 20 cd/m$^2$，　床面反射率: 0.3

式(7.9)より，

$$W_{n壁} = \frac{(1-0.3)\pi \times 20 \,\text{cd/m}^2 \times (10\,\text{m} \times 3\,\text{m} \times 2 + 6\,\text{m} \times 3\,\text{m} \times 2)}{0.3 \times 80\,\text{lm/W} \times (10\,\text{m} \times 6\,\text{m})} \fallingdotseq 2.9 \,\text{W/m}^2$$

$$W_{n天井} = \frac{(1-0.6)\pi \times 15 \,\text{cd/m}^2 \times (10\,\text{m} \times 6\,\text{m})}{0.6 \times 80\,\text{lm/W} \times (10\,\text{m} \times 6\,\text{m})} \fallingdotseq 0.39 \,\text{W/m}^2$$

$$W_{n床} = \frac{(1-0.3)\pi \times 20 \,\text{cd/m}^2 \times (10\,\text{m} \times 6\,\text{m})}{0.3 \times 80\,\text{lm/W} \times (10\,\text{m} \times 6\,\text{m})} \fallingdotseq 1.8 \,\text{W/m}^2$$

式(7.13)より，

$W_{d壁} = 0.9 \times W_{n壁} \fallingdotseq 2.6$ W/m$^2$

$W_{d天井} = 0.9 \times W_{n天井} \fallingdotseq 0.35$ W/m$^2$

$W_{d床} = 0.9 \times W_{n床} \fallingdotseq 1.6$ W/m$^2$

式(7.11)に各値を代入し，照明消費電力量密度は，

$$\overline{W_{hamb}} = (W_{d壁} + W_{d天井} + W_{n床}) \times 9 + (W_{n壁} + W_{n天井} + W_{n床}) \times 4$$
$$= 61.3 \,\text{Wh/m}^2 \,(\fallingdotseq 221 \,\text{kJ/m}^2)$$

式(7.12)より，照明消費電力密度は，

$$\overline{W_{amb}} = 61.3 \,\text{Wh/m}^2/13\text{h} \fallingdotseq 4.7 \,\text{W/m}^2$$

よって，本規準の事務室の照明消費電力密度の目標値，5 W/m$^2$以下を満足している．

なお，ANSI/ASHRAE/IES Standard 90.1-2013 では，例えば，オフィスにおける照明電力密

度（注：原文訳，本規準の照明消費電力密度と同じ概念）の省エネルギー基準を 8.8 W/m² としている[3]．同基準値で 8:00〜21:00 の間，照明を運用したとすれば，照明消費電力量は 114.4 Wh/m² となる．これと比較すると，本規準で定める照明消費電力密度の目標値は，照明の省エネルギーに対し，かなり意欲的な値といえる．

#### 参考文献

1) エネルギーの使用の合理化に関する建築主等および特定建築物の所有者の判断の基準（平成25年経済産業省・国土交通省告示第1号）
2) 平成22年度建築基準整備促進事業　22．業務用建築物の省エネルギー基準に関する検討「業務用建築物のためのエネルギー消費量評価手法に関する基礎的調査」
3) ANSI/ASHRAE/IES Standard 90.1-2013 Energy Standard for Buildings Except Low-Rise Residential Buildings

### 7.4　照明制御による省エネルギー

> 光源の高効率化だけでなく，照明点灯時間の短縮化，過照度設定箇所の面積削減ならびに昼光による輝度および照度の確保によって，照明にかかるエネルギーの削減を行うべきである．そのためには，初期照度補正，在室検知制御，昼光連動制御などの制御手法を用いることが望ましい．

　照明消費電力量を削減する方法は，式(7.1)〜(7.13)に基づいて考えると，
①照明効率の高い光源，照明器具を用いる．
②各面または相対的に高輝度が求められる部位の反射率を大きくする．
③点灯時間を短くする．
④照明器具の数を調整する．
⑤設計・設定照度を低くする．
⑥視作業性への影響に配慮したうえで，昼光によって得られる輝度および照度の確保に努める．
などが挙げられる．

　①高効率の照明器具・光源を採用した場合には，目標とする設計・設定照度を達成するために必要な照明器具・光源の個数を少なくできる可能性もある．④照明器具の数を調整する際には，照明器具の配光を考慮し，アンビエント面の明るさが極端に減ぜられることのないよう，注意が必要である．

　⑤設計・設定照度を低く設計するときには，④照明器具の個数を少なく配置する方法と，照明器具1台あたりの出力を抑える方法の2通りが考えられる．照明器具の数を少なく設計するときの注意点は前述のとおりで，空間全体の明るさのむらが懸念される場合には，器具台数を確保したうえで，各器具の出力を調光制御によって抑えるのが望ましい．調光

制御には，明るさセンサーによって照明対象エリアの昼光照度を検知し，設計・設定照度を達成するために必要となる人工照明によってもたらされる光束を調光する方法，すなわち昼光連動制御，照明対象エリアに居住者が不在の場合にターゲット照明に求められる機能は不要となるため，アンビエント照明の機能を確保したままターゲット照明に相当する分を消灯または減光する方法，すなわち在室検知制御などがある．これらの調光制御を採用することによって，③照明の点灯時間を短くすることができ，⑥積極的な昼光利用にもつながる．また，昼休み時間や勤務時間帯以降は，ターゲット照明分をタイムスケジュール制御によって消灯または減光することにより，さらに点灯時間を短くすることができる．

また，光源からの出力は経年によって低下していく．そのため，初期段階では，設計・設定照度よりも過分に人工照明による光束が供給される可能性がある．過照度設定を防ぐために，初期照度補正によって余分なエネルギー消費を抑えるのが望ましい．

人間の目が知覚する明るさは，ある面に供給される光束に加え，その面の反射特性が関係する．省エネルギーの観点からは，その面を高反射率にすることで少ない光束でも同等の効果が得られる可能性がある．しかし，空間を構成するすべての面を高反射率にする，あるいは反射率の異なる複数の面で空間が構成され，隣接する面どうしの輝度対比が大きくなった場合には，グレアの原因となるので注意が必要である．

## 7.5　照明器具および空間の保守

> 照明器具ならびに室内表面，什器などの空間を構成する面および要素の定期的な清掃を心がけ，反射率の低下を防ぐことが照明の省エネルギーにつながる．

照明器具の表面に付着した汚れや経年による光源の劣化によって，照明器具からの出力は徐々に低下していく．また，間接光の多寡に大きく影響する天井，壁などの空間構成面も，場合によっては，汚れの付着によって反射率は次第に低下していく．照明器具の定期的な清掃や光源交換は照明器具の出力維持，空間構成面の定期的な清掃は反射率の維持につながり，目標規準の達成に必要とされる人工照明にかかる電力消費の増加を防ぐことになる．各種清掃や光源交換にかかる費用（注：人件費を含む）と清掃や光源交換による省エネルギー効果のバランスを見て，使用者は無駄のない保守計画を立てることが重要である．また，必要に応じて，設計者は保守計画への助言を行う．設備機器交換にかかる初期費用，清掃などにかかる保守費用を投じても，照明の運用にかかる費用が削減されれば，十分に償却可能である．

## 8. 省エネルギーのための照明設計手法

### 8.1 多灯分散照明方式

> 住宅のリビング，ダイニングなど，そこで行われる生活行為の種類が多く，適切な雰囲気が必要となる居室では，アンビエント照明およびターゲット照明の理念を展開した多灯分散照明方式の採用が望ましい．多灯分散照明方式は，生活行為や雰囲気に応じて照明器具を分散させ，点灯・消灯の組合せや調光状態を変えることができるので，省エネルギーおよび照明環境の質の向上のためには効果的である．

　住宅のリビング，ダイニングなど主要な居室における照明には，さまざまな生活行為およびくつろぎなどの雰囲気への対応が求められる．

　規模の小さい室の場合は，天井中央に室の広さに応じた出力の照明器具を1つ設置して，室全体をまんべんなく照明する「一室一灯照明方式」を採用して，ほとんどの生活行為に対する最低限の明るさのレベルを満たすことが多い．

　一方，さまざまな行為が想定される多目的な居室において，室の広さに対応した一室一灯用照明器具の標準的な消費電力および光束を目安として，各生活行為に適切に対応できるように，小さめで高効率な複数の照明器具を必要箇所に分散して配置し，なるべくその目安を超えない総消費電力および総光束の点灯状況を設定する照明方式が「多灯分散照明方式」である．

　室の広さ，用途，生活行為，要求される雰囲気などに応じて，一室一灯照明方式と多灯分散照明方式とを使い分けることが，省エネルギーおよび照明環境の質の向上に有効となる．室の各場所での生活行為が特定しにくく，照明環境の状態を変える必要があまりない場合には，一室一灯照明方式を採用する．一方，室で想定される生活行為の種類が多く場所も特定できる場合には，適切な雰囲気の確保も含め，照明の点灯状況によって，必要な明るさを得ながら照明環境の状態を変えられるほうが望ましいため，多灯分散照明方式を採用することが望ましい．

　リビングなど，一般に多灯分散照明が推奨される室でも，生活行為が限定される場合などは，適宜ふさわしい照明方式を考える必要がある．また，部屋が広いときに多灯の方式を採用する場合があるが，点灯パターンを変えることがなければ，常に全部を点灯した状況となり，分散配置による省エネルギー効果は少なくなる．このように，単純に多灯にした場合は，一室一灯照明方式に比べ，過剰な明るさとなり，エネルギーが増える可能性がある．省エネルギーで生活行為や雰囲気にふさわしい適切な明るさとするためには，多灯状態での室全体における器具による光束と器具の効率を考える必要があり〔5.1.3項および7章を参照〕，多灯分散照明方式の目安としては，その時点での一般的な一室一灯用照明器具の光束と効率と同程度とし，その範囲内で複数の器具を分散させることとしている．

　照明の機能は，空間の明るさを確保するためのアンビエント照明と，視認性，視作業性などを確保するためのターゲット照明とに分けられる．全般照明方式では，同じ照明器具

で両者の照明の機能を兼ねる〔5.1節を参照〕ため，一室一灯照明方式は，全般照明方式の1つだと位置づけられる．一室一灯照明方式は，さまざまな生活行為が行われる室内各所をまんべんなく必要な明るさになるように照明するので，点灯時は，室内の明るさが必要ない部分も無駄に照らすことになり，また調光時には全体が薄暗くなるため，省エネルギーと照明環境の質の両面で不十分な照明方式となる．

よって，リビング，ダイニングなどにおいて，省エネルギーで照明環境の質を向上させるためには，アンビエント照明とターゲット照明の機能を分けた照明方式が有効となる．しかし，住宅では室の規模が小さいため，ペンダントライト，テーブルスタンドなどターゲットを主体とした照明器具が周辺の壁面や天井面へのアンビエント照明の機能をもつ場合，壁面のブラケットなどが部分的なアンビエント照明のみとなる場合，1つの器具で多様な生活行為や雰囲気に対応するような場合など，アンビエント照明とターゲット照明の機能を完全に分離することが難しいことが多い．そのため，住宅では，それらの機能をフレキシブルに組み合わせた多灯分散照明方式を，アンビエント照明とターゲット照明の理念を展開した方式として位置づけている．

### 【参考8.1.1】多灯分散照明方式の設計の基本的な流れ

多灯分散照明方式の設計の流れは，以下のようになる．

① 計画する室の必要な生活行為の種類と位置の検討

　計画する室における，1日の生活行為の種類と位置を時間の流れに沿って想定し，生活行為の種類と位置が多様で，照明環境を変えられるほうが望ましい場合には，多灯分散照明方式とする．

② 目安となる室全体での器具光束[lm]と消費電力[W]の算出

　照明器具カタログなどで，室の広さに応じた現状で多いタイプの一室一灯用照明器具を選択し，相当する器具光束[lm]と消費電力[W]を算出する．

③ 照明器具の配置の検討および選択，ならびに複数の照明器具の消費電力[W]と器具光束[lm]のチェック

　主たる生活行為の位置と対応する照明器具の配置を検討し，個々には小さめの高効率器具を選択して，複数器具で最大となる，点灯状況の総消費電力[W]および総器具光束[lm]が，目安となる室全体での消費電力をなるべく超過しない（同程度以下となる）ようにチェックを行う．ランプ交換型の器具（シェードのある器具）の場合の器具光束は，ランプ光束にカタログを参考に器具効率（シェードで減光する割合）を乗じて求める．

④ 点灯スケジュールによる照明環境の確認および照明消費電力量密度[$Wh/m^2$]の算出

　1日の時間に沿った生活行為に対応した点灯（注：調光を含む）スケジュールを設定し，点灯状況に応じて得られると想定される照明環境の確認を行うとともに，1日のスケジュールで集計した照明消費電力量（以下，消費電力量という）[Wh]や照明消費電力量密度（以下，消費電力量密度という）[$Wh/m^2$]を算出して，省エネルギー性をチェックす

る．

## 【参考 8.1.2】リビング・ダイニングにおける多灯分散照明方式の設計事例

　リビング・ダイニングは，連続した空間が一般的であり，それぞれの室の範囲をまず明確にしておく必要がある．そのうえで，生活行為の種類が多く消費電力量も多いこのような室では，多灯分散照明方式，調光などの制御を用いることを基本に考える．リビングでは，想定される生活行為の視作業や雰囲気に対応する家具の位置，座位，テレビ画面の位置などを考慮しながら，室全体として効率が高い多灯分散照明を計画する．生活行為の種類が少ない場合には，小さなシーリングライト（以下，シーリングという）などを用いた簡易的な多灯分散照明方式とすることがある．ダイニングでは，テーブルを中心とした生活行為であることを活かした照明手法が省エネルギーの観点から有効である．食事に対しては手元を効率よく照らすとともに，食卓を囲む人の顔面にも明るさが得られる吊り下げ型のペンダントライト（以下，ペンダントという）が基本となるので，高さの調整が省エネルギー性に寄与する．食事の人数は多い場合や 1 人の場合があるので，ペンダントを分散配置しておくと，使い分けによる効率化と多人数に適応したリズム感など雰囲気形成が可能となる．また，ダイニングのテーブルでは，新聞を読む，自ら発光するノートパソコンを使うなどの作業を行うことも多くなっているが，これらに対しても効率的な照明が可能である．その他，リビング・ダイニングのそれぞれで使用しない部分があっても，多灯分散照明を採用すれば，使用しない部分を最小限の光量で暗く感じさせない照明が可能となる．
　以上の考え方に対応した，具体的な設計例を示す．

設計事例：シーリングを小容量にした簡易的な多灯分散照明方式

　対象とする室は，間口 5.9 m×奥行 3.6 m（約 13 畳）のリビング・ダイニングであり，生活行為として，団らん・くつろぎ，娯楽，人数に応じた食事などに対応できることを考え，簡易的な多灯分散照明方式による設計を考える〔図 8.1，表 8.1，表 8.2〕．

　リビング部分は，図 8.1 左部分に示すように約 8 畳の面積を想定し，天井中央に団らん，娯楽などに対応するシーリングを配置して，くつろぎに対応するフロアスタンドなどの補助的な照明を追加するプランとする〔参考 8.1.1①参照〕．シーリングは，リビングの広さ 8 畳に応じた標準的な LED の一室一灯器具をカタログで選ぶと，例えば器具光束 4000 lm で消費電力 43 W となる〔表 8.1 a.〕ので，これを目安とする〔参考 8.1.1②を参照〕．そして，一段階下の広さである 6 畳に対応したシーリングで調光可能タイプの器具として，例えば器具光束 3300 lm 消費電力 38 W のものを選び，これに補助的な照明であるフロアスタンドとして，例えば器具光束 648 lm・消費電力 7.3 W（注：ランプ光束 810 lm で 60 W 型の電球形 LED ランプを用いるランプ交換型の器具とした場合，器具効率 0.8 を掛けると 648 lm となり，消費電力 7.3 W は変わらない）を加えると，2 つの器具の総消費電力は 45.3W，総器具光束は，3948 lm となる〔表 8.2 a.〕．複数の照明で目安と同程度の消費電力と器具光束〔参考 8.1.1③を参照〕になる．

ダイニング部分は，図 8.1 右部分に示すように約 5 畳の面積を想定し，天井中央から吊すペンダントを 3 灯に分割して，人数に応じた食事だけでなく団らんや，くつろぎにも対応できるプランとする〔参考 8.1.1①を参照〕．ペンダントは，ダイニングの広さ 5 畳に近い 4.5 畳に応じた標準的な LED の一室一灯器具をカタログで選ぶと，例えば器具光束 2700 lm で消費電力 30 W のようになる〔表 8.1 a.〕ので，これを目安とする〔参考 8.1.1②を参照〕．小形のペンダントで，例えば器具光束 648 lm・消費電力 7.3 W（注：ランプ交換型でリビングのフロアスタンドと同様）を選択すると，3 灯で総消費電力は 21.9 W，総器具光束は 1944 lm となり〔表 8.2 a.〕，目安に比べて消費電力，器具光束ともに低い値〔参考 8.1.1③を参照〕となっている．

多灯分散照明方式として設計する複数の照明器具の器具光束や消費電力の合計が，一室一灯照明方式を想定した目安としての器具光束や消費電力と同程度となるようにした場合，分散させた器具により，生活行為や雰囲気に応じて点灯状況を変化させる〔表 8.1b.，表 8.2 b.〕ことで，トータルとして省エネルギー性を確保することができる．

多灯分散照明における点灯状況の例として，全点灯した照明シーン 1 では，リビングとダイニングで家族全員が食事後に思い思いに過ごす時間帯として，分散した照明で全体に明るく照明した場合となる〔図 8.3 上〕．参考としての一室一灯照明方式の例〔図 8.2〕と比較すると，分散した照明により，一室一灯照明方式と同様に全体的な明るさを確保しながら，雰囲気としてのリズム感も得られるようになっている．ただし，多灯分散照明方式では，壁面などを適切に照らすように配置されないと，空間の明るさが得られにくい場合もあるので，留意する必要がある．

消灯・調光したシーン例 2 では，リビングとダイニングの点灯状況により，全体に落ち着きのあるくつろぎに適した照明となり，省エネルギーな点灯パターンで雰囲気を形成しながら，ダイニングなどでも手元の明るさは確保できるようになっている．

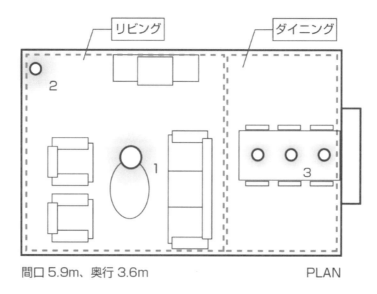

図 8.1　シーリングを小容量にした簡易的な多灯分散照明方式による設計（器具配置）

**表 8.1** 目安としての一室一灯照明方式における器具仕様と1日を通じた照明エネルギー計算

a. 一室一灯照明方式の器具仕様，消費電力量[Wh]と消費電力量密度[Wh/m²]

| | 器具 | 灯数 | 器具効率 | 器具光束[lm] | 消費電力[W] | 点灯時間[h] | 消費電力量[Wh] | 消費電力量密度[Wh/m²] |
|---|---|---|---|---|---|---|---|---|
| 1 | シーリング8畳用（LED） | 1 | — | 4000 | 43 | 4 | 172 | 217[Wh]/23.7[m²] |
| 2 | ペンダント4.5畳用（LED） | 1 | — | 2700 | 30 | 1.5 | 45 | |
| | | | | ※1リビング・ダイニングでの合計 | | | 217 | 9.16 |

b. 一室一灯照明方式の点灯スケジュール

| | 器具 | 18:00 | 18:30 | 19:00 | 19:30 | 20:00 | 20:30 | 21:00 | 21:30 | 22:00 | 22:30 | 23:00 | 点灯時間[h]×調光割合 |
|---|---|---|---|---|---|---|---|---|---|---|---|---|---|
| 1 | シーリング | | 100% | | | | | 100% | | | | | 4×1 |
| 2 | ペンダント | | | | 100% | | | | | | | | 1.5×1 |

**図 8.2** 目安としての標準的な一室一灯照明方式で想定される照明環境の例（参考）

**表 8.2** シーリングが一段小さいタイプの簡易的な多灯分散照明方式の場合における器具仕様と1日を通じた照明エネルギー計算

a. 多灯分散照明方式の器具仕様，消費電力量[Wh]と消費電力量密度[Wh/m²]

| | 器具 | 灯数 | 器具効率 | 器具光束[lm] | 消費電力[W] | 点灯時間[h] | 消費電力量[Wh] | 消費電力量密度[Wh/m²] |
|---|---|---|---|---|---|---|---|---|
| 1 | シーリング8畳用（LED） | 1 | — | 3300 | 38 | 3.6 | 135 | 172[Wh]/23.7[m²] |
| 2 | ペンダント4.5畳用（LED） | 1 | 0.8 | 648 | 7.3 | 1.3 | 9 | |
| 3 | ペンダント（60W電球形LED） | 3 | 0.8 | 1944 | 21.9 | 1.3 | 28 | |
| | | | | ※リビング・ダイニングでの合計 | | | 172 | 7.26 |

b. 多灯分散照明方式の点灯スケジュール

| | 器具 | 18:00 | 18:30 | 19:00 | 19:30 | 20:00 | 20:30 | 21:00 | 21:30 | 22:00 | 22:30 | 23:00 | 点灯時間[h]×調光割合 |
|---|---|---|---|---|---|---|---|---|---|---|---|---|---|
| 1 | シーリング | | 100% | | | | | 100% | | 70% | | | 2.5×1+1.5×0.7 |
| 2 | フロアスタンド | | | | | 100% | | | | 50% | | | 0.5×1+1.5×0.5 |
| 3 | ペンダント | | | | 66% | 100% | | | 33% | | | | 1×0.66+0.5×1+0.5×0.33 |

照明シーン例1（全点灯）

照明シーン例2　くつろぎ等
（シーリング70％＋フロアスタンド1/2点灯＋ペンダント1灯）

図8.3　多灯分散照明方式における生活行為・雰囲気に応じた複数の照明環境の例

## 8.2 タスク・アンビエント照明方式

> 照明の消費エネルギー削減と節電対応には，タスク・アンビエント照明方式が有効である．

　わが国の一般的なオフィスの執務室では，天井に照明器具を均等に配置し，室内全体を均一に照明する全般照明方式が広く用いられている．しかし，この方式では，室内全体の視作業面を基準となる同一の照度で照明するため，照明設備に多大な電気エネルギーを要する．また，節電の要請があった場合，この方式は，調光機能が備わっていない限り，いわゆる間引き点灯するしか対応策がないため，視作業面の照度均斉度が低下して視作業性と快適性が損なわれることになる．

　視作業性と快適性を損なわずに消費エネルギーの削減を図るためには，タスク・アンビエント照明（以下，TAL という）方式がより有効である．さらなる節電要請があった場合でも，アンビエント照明を消してタスク照明だけを残すことにより作業性を確保できる．

　TAL 方式とは，オフィス執務室の照明を，アンビエント照明とタスク照明とに分離する照明方式である．タスク照明は，視作業のための照明であるのに対して，アンビエント照明は，視作業面以外の周辺環境のための照明である．アンビエント照明の役割は，空間の明るさを確保することである．アンビエント照明とタスク照明とに機能分担することにより，両者を使用した時の執務者の視作業領域における水平面照度（以下，タスク照度という）を下げないで，視作業に直接影響しないアンビエント照明のみによる周辺環境の水平面照度（以下，アンビエント照度という）を下げることができる．部屋全体を均一に明るく照明しないものの，視作業性と快適性の維持を諦めたものではなく，むしろ両者ともに高めることを目指したものである．

　なお，本規準では，TAL 方式におけるタスク照明を事務用途の視作業に限定したターゲット照明としている．よって，TAL 方式は，機能や理念として，アンビエント照明・ターゲット照明と同義と位置づけられる．また，TAL 方式については，照明学会タスク・アンビエント照明研究調査委員会報告書[1]，同タスク・アンビエント照明普及促進研究調査委員会報告書[2]に詳しく述べられている．

### 【参考 8.2.1】TAL 方式の種類と照明エネルギーが削減できる理由

　TAL 方式には，図 8.4 のような種類がある．また，TAL 方式の典型的な例を図 8.5 と図 8.6 示す．また，TAL 方式は，以下の理由で消費エネルギーを削減できる．

- アンビエント照明は出力を下げられるので，照明器具の数またはそれに使用するランプの本数または消費電力を削減できる．
- 視対象に近いところからタスク照明で照射する方式をとると，同じタスク照度を得るために，天井からの照明よりも，消費電力を削減することができる．
- オフィス執務室において，執務者は，勤務時間中に在席し続けているわけではなく，会議，昼食，休憩，トイレ使用などのために頻繁に離席する．照明設備がパーソナルなものであれば，このような執務者の挙動を反映させることが容易であり，執務者の

離席中にタスク照明が消灯することによって消費電力量を削減できる．
- エネルギー消費のピークとなる時間帯に，アンビエント照明として昼光を活用することで，ピーク時間帯の消費電力を削減できる．

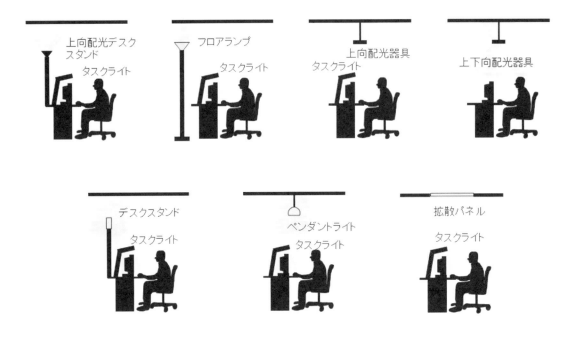

図 8.4　TAL 方式の種類

図 8.5　TAL 方式の例

図 8.6　TAL 方式の例

## 【参考 8.2.2】TAL 方式が適しているオフィス

以下のオフィスには，TAL 方式が適している．

① 執務者個々人の作業の独立性が高いオフィス
② 執務者 1 人あたりの専有面積が広いオフィス
③ 高照度を必要とする作業があるオフィス
④ 執務者の在席率が低いオフィス
⑤ 昼夜を問わず仕事をする必要があるオフィス

このうち，②については，オフィスの人口密度が高いとタスク照明の消費電力量が多くなるため，執務者 1 人あたりの専有面積が広いオフィスほど照明の消費電力量が少なくなる．そのため，TAL 方式が適している．TAL 方式を適用するオフィスには，上記のすべての条件が揃っていることが望ましい．このような条件を備えたオフィスでは，全般照明方式から TAL 方式に改修することにより，消費電力量の約 60％を削減した例もある．ただし，①〜⑤の 5 項目のすべてを満たさない場合でも節電効果は見込まれる．

## 【参考 8.2.3】TAL 方式の成功の要点

TAL 方式を採用するとき，まず，オフィスの執務空間としての視作業性を担保するために，タスク照度を 6 章のターゲット面の推奨照度に準拠して設定する．つぎに，省エネルギーのためには，アンビエント照度をできる限り低くする必要があるが，極端にアンビエント照度を下げると，壁面輝度が低下する場合が多く，空間の明るさが低下し，空間を陰鬱に感じることがある．このような陰鬱さが，これまで，わが国でタスク・アンビエント照明方式が普及しなかった理由の 1 つである．

このため，タスク照度に対してアンビエント照度が低くなりすぎないような配慮が必要である．具体的には，反射率の高い内装材を用い，6章の壁面や天井面の輝度を満たす範囲でアンビエント照度を下げること，またアンビエント照明だけでは十分な壁面輝度が得られない場合，さらに低めの反射率の内装を選定したい場合には，ウォールウォッシャー，ブラケットなどの壁面用照明器具を併用することを推奨する．

さらなる省エネルギーを目指したいとき，落ち着いた雰囲気を作り出したいとき，欧米のように色彩が豊かで反射率の低い内装を使用したいときなどに，高度な照明環境設計行為〔6.1.5項を参照〕によりTAL方式を採用した場合は，6章の表6.4に示した壁面と天井面の輝度の推奨値を必ずしも満たさなくてもよい．ただし，このときでも，空間が陰鬱にならないように十分な注意が必要である．

陰鬱な空間にしないようにするもう1つの要点は，明るい高輝度の部位と，暗い低輝度の部位との輝度比を低く保つこと，すなわち極端に暗い部位をなくすことである．このため，アンビエント照明に上方光束がある吊り下げ型で間接照明方式の照明器具を用いること，あるいは拡散パネルなどにより形態係数の大きな拡散光源面を形成することが望ましい〔参考8.2.4を参照〕．

また，空間を陰鬱にしない手段として，壁面に掛けた絵画などをスポットライトにより照明すること，まぶしくない程度に照明器具の発光部に輝きを持たせることなども有効である．

### 【参考8.2.4】TAL方式に適した照明器具

タスク照明には，以下の要件を満たす照明器具を採用することが望ましい．

- 効率の良い光源を使用するもの
- 照明器具の発光部のまぶしさを抑えたもの，または照射方向を調整できるもの
- 視作業面を広く均一に照明できるもの，またタスク照度と照射位置を調節するために光源の位置と高さがアームにより調節できるもの
- 調光ができるもの

天井照明を新築・改修する場合，直接照明，間接照明，直接間接照明などいずれの照明方式の照明器具を用いることもできる．直接間接照明方式とは，下方光束と上方光束の両方を有する，天井から吊り下げられた照明方式であり，欧米では広く用いられている．図8.7に，下方光束と上方光束とを1台の照明器具でまかなう直接間接照明方式の構成を示す．輝度比を低く保つ〔参考8.2.3を参照〕ためには，この直接間接照明方式は理想的である．図8.8に，直接間接照明方式の直接成分をなくし，間接成分のみを用いて天井面を明るく照明した吊り下げ型の間接照明方式の例を示す．この例では，壁際にはダウンライトを加え壁面輝度を高くなるようにして，空間の明るさを上げている．

天井照明を改修しない場合，全般照明方式の照明器具からランプを間引いて簡易なアンビエント照明を実現することもできる（注：安定器によっては，間引くと点灯しないもの

や消費電力量の削減ができないものもあるので要注意である.）．このとき，執務室の照度均斉度が極端に低くならないように，間引くランプの分布にバランスを保つような配慮が必要である．また，下面開放形照明器具など，ランプが露出している照明器具からランプを間引くと，天井面とランプとの輝度差が大きくなるため，照明器具にルーバーを取り付けて配光を制御することが必要になる．このほか，天井の照明器具をすべて消灯し，自立できるアッパーライトや什器に取り付けたアッパーライトによって，間接照明方式のアンビエント照明を提供することもできる．

　タスク照明は，机上に置いたスタンド，机の縁にクランプで取り付けたアームスタンド，棚下やパーティションに取り付けた照明器具などにより提供できる．指向性の高いタスク照明器具があれば，天井に取り付けることもできる．

　タスク照明器具の選定に際しては，昼光によるアンビエントの照度の変動や個人の好みに応じて調光できるものが望ましい．また，調光や高さ調節機能のあるタスク照明器具を選定することで，執務者の照明環境に対する満足度を高めることができる．

図 8.7　吊り下げ型の直接／間接照明方式の構成

図 8.8　吊り下げ型間接照明方式のアンビエント照明器具を用いたオフィス

## 参 考 文 献

1) 照明学会タスク・アンビエント照明研究調査委員会報告書, 1995
2) 照明学会タスク・アンビエント照明普及促進研究調査委員会報告書, 2012

## 8.3 昼光利用

> 省エネルギーおよび居住環境の向上を目的とする場合，室内照明での昼光利用は効果的である．ただし，熱負荷の増加や不快グレアをもたらす直射日光を適切に遮蔽しつつ，昼光照明を行なうことが開口部の計画の基本となる．

吉田兼好は徒然草にて「家の作りやうは，夏をむねとすべし」と説いている．冷房装置のない当時は，高温多湿である日本の夏季をいかに快適に過ごせるかが建築を計画するうえでの要点であった．これは，冷房設備が十分に発達した現代において，無駄に化石燃料を消費しないための要点ともいえる．すなわち，建築物において，昼光の導入部の開口部の計画を行うにあたっては，昼光による採暖が容易である冬期よりも，両者にトレードオフの関係が生じる夏期を旨として進めるのが一般的である．

夏季を旨として開口部などを設計する際には，昼光に含まれる熱成分に留意することが重要である．昼光の可視光成分の室内照明への活用は多くの利点が見込めるが，過剰な熱成分の取込みは，空調エネルギー消費の増大だけではなく，空調設備のイニシャルコストの増大，配管やダクトの拡大から天井内やシャフトの収まりが困難になるなど，広く建築に影響を及ぼす．

### 【参考 8.3.1】昼光の発光効率

可視光に含まれる熱成分の割合は，人工照明と同様に発光効率で表すことができる．発光効率で昼光の性能を示すことで，省エネルギーを考慮するうえでの採入と遮蔽の判断が可能になる．屋外の昼光の発光効率を $\eta_{out}$ [lm/W]，窓面の透過率を考慮したうえでの室内における昼光の発光効率を $\eta_{in}$ [lm/W] とすると，

$$\eta_{out} = Km \int_{380}^{780} V(\lambda) \cdot I(\lambda) \, d\lambda \Big/ \int_{0}^{\infty} I(\lambda) d\lambda \tag{8.1}$$

$$\eta_{in} = \eta_{out} \cdot \tau_w / H_w \tag{8.2}$$

$Km$：最大視感度（=683 lm/W）　　$I(\lambda)$：波長 $\lambda$ における日射エネルギー [W/m²·nm]
$V(\lambda)$：標準比視感度 [-]　　$\tau_w$：可視光透過率 [-]　　$H_w$：日射取得率 [-]

昼光は，直射日光と天空光，おのおのの成分が地物に反射した地物反射光に分離可能である〔図 8.9〕．このうち天空光や地物反射光は発光効率も高く，室内照明としての活用が容易であるが，直射日光は発光効率が低く，一般に室内照明として求められる照度よりも高照度となることが多いため，適切に遮蔽することが大切となる．

昼光に限らず，可視光帯域の光は物体に照射されると常温放射エネルギー帯域に周波数が変化する．一般的に日射遮蔽効果が高いとされる Low-E ガラスは，主にこの常温放射エネルギー帯域の透過率が低いことが特徴であるが，透明性が高く可視光帯域を透過させる特徴があり，直射日光の遮蔽は期待できない．よって，Low-E ガラスを用いても，室内に直射日光を取り込んでしまうと，室内照射面で放熱するので熱負荷が増加することになる．

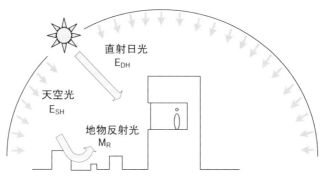

図 8.9 昼光を構成する成分

〈付記〉直射日光および天空光の発光効率

昼光の発光効率は，太陽高度，雲量などの天空の状態および直射日光，天空光など昼光の成分によって異なる．昼光の発光効率には多くの報告があるが，例として，直射日光の発光効率を算出するものとして Littlefair による式[1]を式(8.3)に，天空光の発光効率を算出するものとして宿谷の式[2]を式(8.4)に示す．

直射日光の発光効率 $\eta_D$ [lm/W]は，

$$\eta_D = 51.8 + 94.31h - 49.67h^2 \tag{8.3}$$

天空光の発光効率 $\eta_S$ [lm/W]は，

$$\eta_S = \eta_0 (3.375\sin^3 h - 6.175\sin^2 h + 3.4713\sin h + 0.7623) \tag{8.4}$$

$h$ : 太陽高度 [deg]

$\eta_0$ : 大気圏外の太陽放射エネルギーの発光効率（=93.9 lm/W）

上記の式を基にすると，おのおのの成分の発光効率は，図 8.10 に示すような特徴を示す．どちらの成分も太陽高度が低くなると発光効率が低下する．図 8.11 に示すように，東京において，80％程度を占める太陽高度 15deg 以上の時間帯を対象にすると，実際の計画にあたっては，直射日光では 90 lm/W，天空光では 120 lm/W 程度と捉えることも可能である．

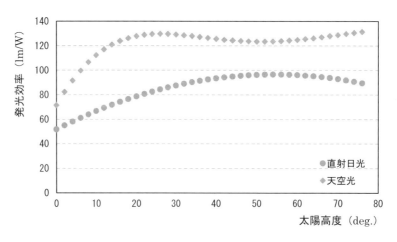

図 8.10 直射日光と天空光の発光効率

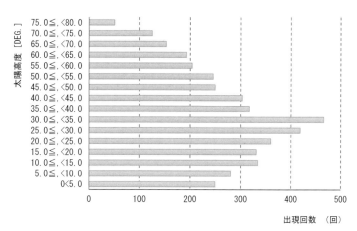

図 8.11　東京における太陽高度出現回数

## 【参考8.3.2】直射日光の遮蔽

外部ひさし，外部ルーバーなどで直射日光を遮蔽し，これにLow-Eガラスを組み合わせると，屋外で生じた常温放射帯域の周波数成分は，Low-Eガラスにより室内への透過が抑制されるため，室内への日射による熱負荷縮減が可能となる．

ただし，固定したひさしやルーバーを用いて完全に直射日光の遮蔽を行うためには，四季を通して直射日光が建築物に照射する最も条件の悪い角度に合わせて遮蔽物を作る必要がある．東西面に向いた窓面では，太陽高度が低い時間帯では水平に近い角度で直射日光が室内に入射するため，固定的な遮蔽物で昼光照明・眺望の確保と直射日光の完全遮蔽とを両立させるのは困難となる．

そこで，これらを両立させるため，可動性の直射日光遮蔽装置が多く利用されている．外部の可動型直射日光遮蔽装置は日射に伴う熱負荷抑制効果が高いため，ペリメーター専用の空調システムを回避できた事例もある．しかし，強風への耐力が弱い欠点があるため適用しにくい建築物もある．よって，直射日光遮蔽装置としては，屋内型の水平ブラインドを用いた自動角度制御システムが用いられることが多い．この屋内型ブラインドの角度制御システムは，ダブルスキン，エアフローウインドウなど，開口部のシステムと組み合わせることで，室内への熱の流入を低減させることが可能となる．

水平型ブラインドを用いた自動角度制御システムにおける直射日光遮蔽角度は，図 8.12 に示すスラット角 $r$[deg]やプロファイル角 $\phi$[deg]を用いて，以下の式で算出可能である．

$$r = \sin^{-1}\left(\frac{S\cos\phi}{W}\right) - \phi \qquad (8.5)$$

$$\phi = \tan^{-1}\left(\frac{\tan h}{\cos(A - Av)}\right) \qquad (8.6)$$

$r$：スラット角[deg]　$\phi$：プロファイル角[deg]　$S$：スラット間隔[m]　$W$：スラット幅[m]
$h$：太陽高度[deg]　$A$：太陽方位角[deg]　$Av$：窓面方位角[deg]

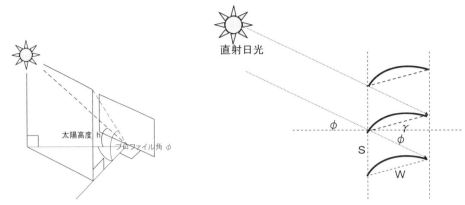

図 8.12 ブラインドスラットによる直射日光遮蔽角度設定理論

〈付記〉ブラインド自動角度制御の用途

ブラインド角度制御は，直射日光を遮蔽する目的で使用されるだけではなく，角度を調節することによる窓面の輝度の適切な状態維持にも活用されている．開口部が不快グレア源とならないように，窓面輝度を抑制するために利用できる判定式にはさまざまなものがあるが，代表的であり実用実績もある判定式として，以下に PGSV 式 [3] を示す〔5.3.2 項を参照〕．

$$\text{対比 } PGSV = 3.2\log L_s - 0.64\log\omega + (0.79\log\omega - 0.61)\log L_b - 8.2 \qquad (8.7)$$

$$\text{総量 } PGSV = 3.2\log L_a - 0.64\log\omega_0 - 8.2 \qquad (8.8)$$

$L_s$：光源輝度 [cd/m²]　$L_b$：背景輝度 [cd/m²]　$\omega$：光源の立体角 [sr]　$\omega_0$：$2\pi$ [sr]

【参考 8.3.3】人工照明の昼光連動制御

実際に昼光を利用し，照明に要する消費エネルギーの削減を図るためには，利用状態に応じて人工照明の出力を減少させる制御が必要となる．これを昼光連動制御というが，全般照明方式で計画された事務室においては，一般的に図 8.13 に示すフィードバック方式で出力制御されることが多い．

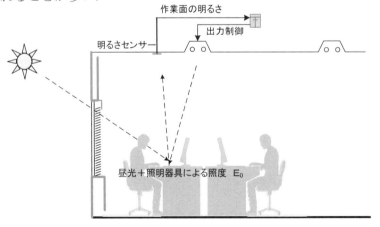

図 8.13 全般照明方式での昼光連動制御

図 8.13 に示す方式は，開口部からの昼光照度と人工照明による照度の合計値を明るさセンサーで検知して，所定の照度に合わせて人工照明の出力を制御する方式である．明るさセンサーは，基準面に照射された照度の反射光を検知するものであるが，センサー下面の照度とほぼ比例するものとして成立している制御システムである．

〈付記〉昼光と人工照明の出力制御

TAL 方式が省エネルギー化を達成させやすい理由の 1 つに，TAL 方式におけるアンビエント照明に昼光を利用しやすいことが挙げられている[4]．昼光は変動が激しく不安定であるため，タスク照度に昼光を利用することは細心の注意が必要だが，視作業への影響の度合いが低いアンビエント照明の場合は，昼光の多少の変動は容認されるとの考えによるものである．一方，TAL 方式による室内照明の計画を進めると昼光を活用しやすいため，今後の TAL 方式の普及により，効果的な活用事例が増すと予想される．

また，TAL 方式によりアンビエント照明の出力を低く設定する場合は，空間が陰鬱にならないような配慮が設計上の重要な課題となる．そのため，TAL 方式には知覚される空間の明るさを考慮した計画が必要とされている〔参考 8.2.3 を参照〕．

知覚される空間の明るさを拠り所として省エネルギーの空間を計画するのであれば，昼光連動制御も全般照明方式の場合のように照度を基準にするのではなく，知覚される空間の明るさに応じて制御する必要がある．

前述の図 8.13 のようなセンサーを用いたフィードバックシステムは，図 8.14 に示すようなフローで制御が構成されている．

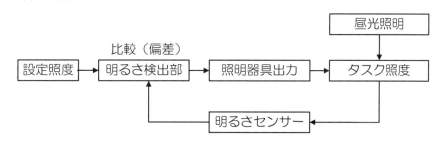

図 8.14 センサーフィードバックシステムによる昼光連動制御

センサーフィードバックシステムは視作業面の照度を一定に保つことには適しているが，知覚される空間の明るさに応じた制御は困難である．また，タスクライトによる視作業面の照度をアンビエント照明に加えてセンサーが検知してしまう，すなわちタスクライトによる照度がシステム上の外乱となるので，新たな連動制御の仕組みを検討する必要がある．

考えられる方法に，知覚される空間の明るさを判別するセンサーを新たに開発して用いる方法，図 8.15 に示すフィードフォワード制御を行う方法などが考えられる．フィードフォワード制御方式は，計測した昼光照度とブラインド角度などから室内へ入射する光量を計算し，その結果により人工照明の出力を削減させるシステムに実績を残すものである．

このシステムフローを図 8.16 に示す．このシステムを導入した建築物では，知覚される空間の明るさを高めた照明方式の使用と昼光連動制御により，執務時間帯における照明消費電力を平均 4.0〜5.0W/m² 程度に抑えることに成功している．

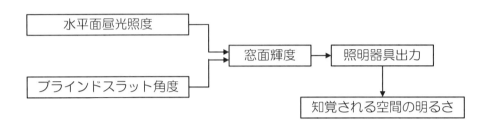

図 8.15　フィードフォワードによる昼光連動制御の例

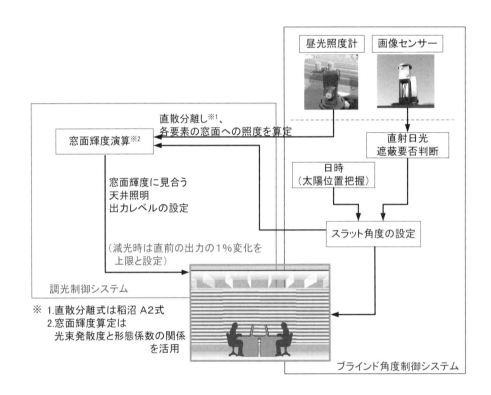

図 8.16　フィードフォワードによる昼光連動制御のシステムフロー

## 【参考 8.3.4】人工照明と昼光の発光効率の比較

一般的に高効率とされている Hf 蛍光ランプの発光効率は，110 lm/W 程度である．また，より高効率とされる LED の発光効率は，現時点で Hf 蛍光ランプを上回るものもあり，将来は 200 lm/W に到達するともいわれている．

昼光利用は計画手法次第では省エネルギー化が可能である．とくに発光効率を比較すると，天空光の採入は有利と判断できる．しかし，LED の発光効率が 200 lm/W に達すると，

人工照明の高い発光効率から，天空光も可能な限り遮蔽したほうが，すなわち開口部を閉鎖したほうが，総合効率的に省エネルギー効果が高いのではないかとの疑問も生じる．

この疑問については，投入するエネルギーの総量で計算してみると，光を作るためのエネルギーが不要なことから，昼光を活用したほうが省エネルギーにつながることが確認できる．

例として，ある空間において $F$[lm] の光束を得ようとすると，発光効率 120 lm/W の天空光では $F/120$[W] の熱を生じる．この発熱を COP が $N$ の空調システムで処理したとすると，熱処理に要するエネルギーは $(F/120)/N$ [W] と算出できる．

人工照明の場合は，$F$[lm] の光束を発光効率 150 lm/W の照明器具で得ようとすると，照明に要するエネルギーが $F/150$[W]，COP が $N$ の空調システムで熱処理するエネルギーが $(F/150)/N$[W] と算出できるので，総合エネルギーは $F/150+(F/150)/N$[W] となる．

次に，得ようとする光束を 24 000 lm と設定し，COP が 3.0 の空調システムを用い，天空光と発光効率を 150〜250 lm/W とした場合の人工照明との総合エネルギーを計算した結果を図 8.17 に示す．この結果，人工照明は，発光効率が 250 lm/W であっても総合エネルギーが 128 W になることに対し，発光効率 120 lm/W の天空光は総合エネルギーが 66.7 W となるので，この条件では，天空光による総合エネルギーのほうが小さい．

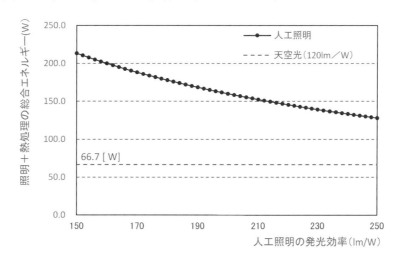

**図 8.17** 得ようとする光束を 24 000 lm，空調システムの COP=3.0 のときの人工照明の発光効率と総合エネルギーの関係

（天空光の総合エネルギー 66.7 W も比較のため記入）

このように，人工照明の発光効率が 250 lm/W に達したとしても，空調システムの COP が 3.0 程度であれば，天空光の取得は省エネルギーに結びつけることができるとの判断となる．仮に空調システムの COP が 1.0 であれば，人工照明の発光効率が 240 lm/W まで到達すると，天空光取得の場合とほぼ同等の総合エネルギーとなる計算になる．空調システムの COP も高効率化に向けて向上していくものの，COP が 1.0 程度の空調システムによる計画は滅多にない．よって，天空光の取得は，省エネルギー化の重要なテーマであるというこ

とができる．

ただし，これは前述の式(8.2)で得られる $\tau_w$ / $H_w$，すなわち可視光透過率/日射取得率が1のケースであり，開口部の特性により変動する．また，単純に発光効率だけを比較したうえでのことであり，実際の照明計画においては，昼光照明の方法を検討に加える必要がある．

昼光は TAL 方式におけるアンビエント照明に利用しやすい〔参考 8.3.3 を参照〕が，天井面に昼光を照射するときには，さまざまな工夫が必要となる．アンビエント照明としての完成度を高めようとすると，開口部から単純に採入するだけでは，計画として不十分となる可能性もある．一方で，人工照明は比較的自由に視対象に光を照射可能である．このことから，人工照明は，要所に光を導きやすいため，昼光と比較すると結果として照明に関する効率が高くなるとみなすこともできる．また，人工照明のほうが照明計画は容易なことから，今後さらに人工照明の発光効率が向上すれば，その扱いにくさにより，ますます昼光利用計画が避けられる可能性がある．

しかし，昼光が扱いにくい面はあるが，適切に利用することができれば，時間経過に伴う屋外の光の移ろいを室内に導くことが可能であり，自然と親しむうえで人工照明にはない特徴を有している．情緒性に優れ，空間を豊かに演出することも可能なので，エネルギー消費量と計画しやすさだけで開口部の閉鎖に行き着くとすれば，それは「MOTTAINAI」（もったいない）ことである．

### 参 考 文 献

1) Littlefair, P. J.: Measurements of the luminous efficacy of daylight, Lighting Research and Technology, Vol. 20, No.4, pp.177-188, 1988
2) 宿谷昌則, 木村健一: Estimation of daylight illuminance from solar radiation data on hourly basis with luminous efficacy of daylight, Transactions of the Architectural Institute of Japan 293, 1980
3) 岩田利枝, 伊藤大輔, 平野祐介: 不快グレアの対比効果と総量効果, 日本建築学会環境系論文集, No. 618, pp. 1-7, 2007
4) 照明学会タスク・アンビエント照明（TAL）普及促進委員会報告書, 2013

日本建築学会環境基準
AIJES-L0002-2016
照明環境規準・同解説

2016年6月20日　第1版第1刷

編　集
著作人　一般社団法人　日本建築学会

印刷所　昭和情報プロセス株式会社

発行所　一般社団法人　日本建築学会
108-8414　東京都港区芝5-26-20
電　話・(03) 3456-2051
FAX・(03) 3456-2058
http://www.aij.or.jp/

発売所　丸善出版株式会社
101-0051　東京都千代田区神田神保町2-17
神田神保町ビル
電　話・(03) 3512-3256

Ⓒ 日本建築学会 2016

ISBN978-4-8189-3628-7　C3352